그곳에
좋은 기운이
모인다

좋은 기운을 받고, 나쁜 운명을 피하는
특별한 장소의 비밀

그곳에
좋은 기운이
모인다

김승호 지음

쌤앤파커스

차
례

지금 나에게
필요한 기운은 어디에 있나?

결국 전쟁은
운수 좋은 장수가 이긴다

제3부

운명에도
레벨이 있다

좋은 운을 얻고
나쁜 운을 피하는 법

잠깐 생각해보자. 미국인과 일본인의 기질에 대해 우리는 잘 알고 있다. 그들은 어째서 그런 기질을 갖게 되었을까? 가까운 한중일 세 나라 사람의 기질도 각각 매우 다르다. 우리는 어째서 일본인과 다르고 중국인과도 다른, 이런 기질을 갖게 되었을까?

유전자도 한몫 했을 것이다. 그러나 그에 못지않게 우리가 긴긴 세월 동안 살아온 땅의 영향을 받고, 그에 따라 기질이 형성되었을 가능성이 크다. 미국이나 중국, 일본 인도 마찬가지다. 땅이란 사람의 기질을 만들고 영혼에도 변형을 가하는데 이로써 운명이 만들어진다.

우리의 신체만 보더라도 어떤 환경에 사느냐에 따라 건강해지기도 하고 병에 걸리기도 한다. 그런데 육체보다 더욱 민감한 영혼이 땅의 영향을 전혀 안 받을 수 있을까? 우리의 환경 중에서도 땅과 공간의 구조는 운명에 절대적인 영향을 미치는 요소다. 사람은 심지어 옷가지 하나를 어떻게 선택하느냐에 따라서도 운명이 바뀐다. 그러니 어디에서 사느냐에 따라 운명이 달라지는 것은 당연한 일이다. 기실 운명이란 모든 것으로부터 영향을 받지만, 그중에서도 장소의 영향력이 가장 크다.

인류의 조상들은 오랜 옛날부터 태어난 곳을 떠나 먼 곳으로 이주를 계속해왔다. 우리 민족만 하더라도 저 멀리 파미르 고원에서 시작하여 몽골을 통해 중원으로 들어와 바이칼 호에 도달했다. 여기서 다시 남하하여 중국을 거쳐 마침내 지금의 땅에 정착했다. 1만 년에 걸친 대장정이었다. 우리 민족은 왜 이토록 먼 곳까지 헤매지 않으면 안 되었을까?

이유는 한 가지다. 삶에서 벌어지는 문제점을 해결하기 위한 목적이다. 사람은 뭔가 잘 안 풀리고 일이 꼬이면 일단 자기가 머무는 곳을 잘 살펴봐야 한다. 오늘날 우리 민족을 보

자. 좁은 땅에서 살고 있지만 세계 11위의 경제대국이 되었다. 무슨 이유로 이런 대단한 일을 이룩할 수 있었던 것일까? 바로 우리가 사는 땅의 힘 때문이다. 한반도는 우리 민족에게 그만한 힘을 주었다. 앞으로도 영원히 발전할 것이 틀림없다. 이는 공연한 주장이 아니라 우리 땅의 풍수가 그렇기 때문이다.

요점은 바로 '땅이 운명을 일으킨다'는 사실이다. 그리고 현재 운명이 나쁘면, 몸이 아플 때 병원을 찾는 것처럼 좋은 기운을 주는 곳으로 찾아가야 한다.

나에게 필요한 기운은 어디에 있는가?

'기운氣運'은 '하늘과 땅 사이에 가득 차서, 만물이 나고 자라는 힘의 근원'이다. 우리는 기운의 바다에서 산다. 눈에 보이지는 않지만, 모이기도 하고 흩어지기도 하고, 무언가로부터 빼앗기기도 하고 얻기도 한다. 우스갯소리로 '기 빨린다'거나 '기 받는다'라는 말이 괜한 소리가 아닌 것이다. 휴대폰 배터리처럼 소모되거나 방전되기도 하는 것이 기운이다.

한편, 우리는 어떤 장소에 가면 마음이 편안해지거나, 활력이 생기거나, 괜히 기분이 좋아진다. 반대로 음침한 느낌이 들거나, 슬퍼지거나, 의욕이 꺾이고 무기력해지는 곳도 있다. 늘

다니는 익숙한 곳에서는 느껴지지 않아도, 여행이나 출장 등 으로 낯선 곳에 가게 되면 뭔가 다른 느낌을 받는다.

이 책은, 우리가 살면서 어떤 기운이 필요할 때 그 기운이 있는 장소를 안내하고 있다. 나는 주역과학 창시자이자 풍수 전문가로서 반세기에 가까운 세월 동안 직접 발로 찾아다니며 '공간의 기운'에 대해 연구했다. 예컨대, 하는 일이 너무 정체되어 있는 사람은 기운을 발산하는 곳에 가야 하고, 아무리 아껴도 늘 돈이 새어나가고 마르는 사람은 '돈을 모으는 기운'을 얻을 수 있는 곳에 가야 한다. 이것을 더 넓게 확장시켜 보면, 돈맥이 흐르는 곳에 부자들이 모여 살고, 태기胎氣가 잘 들어서는 곳에 난임 전문병원이 성업하게 되는 풍수의 원리로 이어진다.

그렇다면 운 혹은 운명은 어디서 오는가? 그것은 하늘에서 오고, 땅에서 오고 또한 나 자신에게서 온다. 여기서 말하는 '하늘'은 비행기가 날아다니는 하늘이 아니라 우주의 근원을 말하는 것이다. '땅'이란 우리가 아는 그냥 땅인데, 이것은 운명을 유도한다. 그리고 나 자신이란 '영혼'을 뜻하는데, 행실에 따라 운명이 발생한다는 의미다.

운명은 이른바 '천지인天地人' 삼재三才의 작용에서 비롯된다. 그중에서 이 책은 '장소'의 작용에 집중하고자 한다. 왜냐하면 이것이 가장 알기 쉽고 그 효과가 즉각적으로 나타나기 때문이다. 반면 하늘의 작용은 멀고도 더디다. 그리고 영혼의 작용은 중간쯤에 해당하는데, 이는 다소 번거로운 면이 있다. 세 가지 중 땅의 작용만이 우리가 이를 알고 다루는 데 비교적 수월하고 편리하다. 그래서 땅의 작용을 잘 다루고 풍수의 원리를 활용할 수 있다면, 가장 짧은 시간 안에 우리에게 일어나는 운명의 작용을 지배할 수 있다. '조심해야지!' 하고 마음먹어야 언행을 조심할 수 있는 것처럼, 운이 좋아지길 바라는 사람만이 좋은 운을 잡을 수 있다.

장소로부터 시작되는 '운명의 변화'

우리가 사는 집이나 방은 어떻게 생겼는가? 일단 바닥이 있고 천장과 벽 그리고 모서리가 있다. 창문, 방문 혹은 현관문도 있고, 이런저런 가구들이 배치되어 있다. 대부분의 방은 이런 형상이다.

그런데 만약 유난히 천장이 낮아 그 안에 있는 사람이 답답함을 느낄 정도라면, 거기에서 편안하게 살 수 있을까? 어찌어찌 살 수는 있어도 내내 답답할 것이다. 왜냐하면 이런 방의 구조는 영혼에 큰 압박감과 상처를 주기 때문이다. 영혼이 상처를 입으면 운명이 요동칠 것이고, 이로써 시공時空이 흔들리게 된다. 이렇게 되면 앞날의 역사가 바뀐다. 이것이 바로 '운명의 변화'다.

지화명이

구체적으로 '낮은 천장'이 어떤 현상을 일으킬까? 지나치게 낮은 천장은《주역》의 괘상으로 '지화명이地火明夷'인데 이는 상당히 불길한 뜻이 있다. 가령 취직이 안 되거나 명예가 추락하는 것을 의미한다. 왜 그런지는 뒤에서 차차 설명할 것이다. 여기서는 풍수의 원리를 이해하는 데 중점을 두자.

간위산

다시 방을 살펴보자. 이번에는 사방 모서리에 물건을 잔뜩 쌓아두어 방의 모양이 두루뭉술해졌다고 치자. 이는《주역》의 괘상으로 '간위산艮爲山'인데, 이런 곳에 오래 살면 직장에서 진급이 잘 되지 않는다. 만약 어떤 사람이 직장에서 이상하게 진급이 안 된다면, 그가 사는 방에 문제가 있을 가능성도 있다. 반대로 어떤 사람은 방의 문제를 고쳤더니 신기하게도 운명이 잘 풀려나가게 되었다고 한다.

이런 경우가 아니더라도, 요즘 뭔가 내 운명에 문제가 있다는 느낌이 든다면, 이사를 하거나 방을 고치거나, 아니면 나에게 필요한 기운을 주는 장소에 자주 찾아가보는 것이 좋다. 그런 크고 작은 노력으로 운명은 반드시 개선된다. 이것이 풍수를 이용한 운명개척 방법이고, 바로 이 책의 중요한 명제다.

100년 후 자손 잘되는 것도 좋지만
지금 당장 내 문제부터

모든 물질이 음陰이고 땅과 공간 역시 음이다. 세상은 음으로 이루어진 것이다. 그리고 음으로 이루어진 물질의 내면에는 하늘天이 내재되어 있다. 영혼도 천天에 해당된다. 세상은 음과 양陽의 작용으로 돌아가는데, 풍수는 그중에서도 음이 양에 미치는 영향을 체계적으로 정리한 학문이다.

여기서 음이란, 쉽게 말해서 그저 살고 있는 땅이라고 생각해도 무방하다. 땅은 우리의 몸처럼 살아 있는 존재이고 운명이 있다. 그 위에 있는 모든 것에 영향을 미치고 역사를 일으킨다. 그런데 어떤 현상들은 시간이 오래 걸려서 수백, 수천 년에 걸쳐 일어나기도 한다. 반대로 또 다른 현상들은 며칠, 몇 달 혹은 몇 년에 걸쳐서 일어난다. 이 책에서 우리는 후자의 현상에 주목할 것이다.

조상의 무덤을 잘 쓰는 것이 음택陰宅이라면, 현재 내가 사는 곳을 잘 살피고 좋게 바꾸는 것은 양택陽宅이다. 무덤을 잘 써서 100년 후에 자손이 잘되는 것도 좋지만, 당장 나 자신의 문제를 해결하는 것이 더 시급하지 않은가. 게다가 당장 음택도, 양택도 바꾸는 것이 불가능하다면, 내게 필요한 기운을 주는 장소를 적극적으로 찾고 그곳에 가서 기운을 받으면 된다.

인간은 만물의 영장이라 일컬어지지만, 겨우 땅 위에 사는 자그마한 존재일 뿐이다. 집이 없으면 살 수 없는 존재이기도 하다. 땅의 작용은 실로 광대하고 공간은 우리의 운명을 결정하는 중대한 한 축이다. 이를 잘 알고 효과적으로 활용한다면, 우리의 인생은 훨씬 더 위대하고 행복해질 것이다.

그런데 옛사람들은 수십 년, 수백 년에 걸쳐 땅의 작용으로 일어나는 현상에 초점을 맞추었다. 그것이 전래의 풍수학이었던 것이다. 하지만 풍수란 그토록 장기적인 현상만을 다루는 학문이 아니다. 의학에도 응급의학이 있듯이, 풍수에도 응급 풍수가 있다. 풍수의 현상은 우리가 숨을 쉬고 밥을 먹듯이 우리의 주변에서 잠시도 떠나지 않는다. 앞에서 말했듯이 인간은 기운의 바다에서 살고 있기 때문이다. 이것을 모르고 산다면 얼마나 어리석고 위태로운가!

나의 경우를 이야기해보겠다. 젊은 시절, 운명이 심하게 꼬였던 일이 한두 번이 아니었다. 사는 게 괴로워 숨이 막힐 지경이었다. 그럴 때마다 나는 사는 장소를 바꾸어 늪에 빠진 듯한 운명에서 탈출했다. 지금도 운명을 개척하기 위해 여러 장소를 돌아다닌다. 물론 그로써 효과를 보고 있다. 심지어 병이 잘 낫지 않으면(물론 병원에도 다니지만), 나에게 필요한 기운을 주는 장소에 찾아간다.

얼마 전 나는 아주 힘든 병에 걸렸는데, 공간의 기운을 활용해 치료를 도왔다. 당시 입원 중이었는데, 외출허가를 받아 극장에 찾아간 것이다. 영화를 보고 싶어서가 아니라 극장에서 얻을 수 있는 기운이 절실했기 때문이었다. 물론 그 결과는 아주 좋았다. 어쩌면 그것이 완치되는 데 결정적이었을 것이라고 나는 생각한다. 의사 선생님이 이 얘기를 들으면 야단칠지도 모르겠지만, 내 생각에 병을 치료하는 곳은 병원만이 아니다.

인간에게 천국이나 낙원보다 훨씬 더 좋은 곳이 어디일까? 바로 어머니의 자궁 속이다. 누구나 어머니의 자궁 속에서 살았던 시절이 있다. 그곳에 있을 때 우리는 지극히 행복했고 아무 탈이 없었다. 그것이 바로 장소의 힘이다. 지금은 그만한 장소에 있지 않기 때문에 인생이 파란만장하다.

운명도 육체와 비슷해서, 나빠져 있을 때는 몸이 병에 걸린 상태와 같다. 그럴 때 나에게 필요한 기운을 주는 장소를 알아둔다면 그곳에 찾아가 얼마든지 자신의 운명 상태를 개선할 수 있다. 좋은 기운을 받고, 나쁜 운을 피하고 싶다면, 만나는 사람도 중요하지만 머무는 장소를 더욱 주의 깊게 살펴야 한다. 결론은 두 가지다. 좋은 장소가 좋은 운명을 만든다는 것. 그리고 나쁜 일이 있을 때는 좋은 장소를 적극적으로 활용하

자는 것. 이것만 알아도 우리의 삶은 좀 더 편안해지고 선택의
폭이 넓어질 것이다.

지은이 김승호

지금 나에게
필요한 기운은
어디에 있나?

어떤 장소든 그 장소만의 독특한 느낌이 있는데 '장소의 맛'이 바로 그것이다. 이것은 운명을 고치는 약이라고 봐도 틀리지 않다. 실제로 우리가 아파서 약을 먹을 때는 정성과 믿음이 필요한데, 장소의 맛을 느끼고자 할 때도 똑같다. 좋은 장소가 좋은 운명을 만든다는 것. 그리고 나쁜 일이 있을 때는 좋은 장소를 적극 활용하자는 것. 이것만 알아도 우리의 삶은 좀 더 편안해지고 선택의 폭이 넓어질 것이다.

1

'그만 귀신'을
떼어내는 법

어릴 적에 집안 어른들로부터 재미있는 얘기를 들었다. 귀신에 관한 것인데 귀신의 종류가 어마어마하게 다양하다는 것이었다. 어린아이에게 재미있으라고 한 얘기지만, 나는 상당한 흥미를 가지고 빠져들었다. 그중에 '그만 귀신'이라는 것이 있었다. 사람이 살다 보면 무슨 일이든지 '한계'에 부딪힐 수가 있는데, 그 이유가 바로 '그만 귀신' 때문이라는 것이다.

일리가 있었다. 세상만사는 언제고 끝나는 순간이 있으니

'그만 귀신'이라고 이름 붙일 만하지 않은가? 물론 당시 어렸던 나는 세상의 이치를 잘 몰랐지만 귀신 얘기는 재미있었다. 그러던 것이 철들고 나서 보니 세상사는 뭐든지 끝이 있다는 것을 절실히 느끼게 되었다.

그런데 문제는 아직 충분히 진행되지도 않았는데 끝이 나버리는 현상들이 참 많다는 것이다. 너무 일찍 죽는 사람도 바로 그런 경우다. 사람은 평균수명 정도까지는 살게 되어 있는데 너무 일찍 죽는 경우가 상당히 이상해 보였다. 수명뿐만 아니라 어떤 사람들은 하던 일이 너무 쉽게 끝나버리는 경우도 많은데, 심지어 그런 일이 자주 벌어진다고 한다. 이거야말로 '그만 귀신' 때문에 그런 것 아닐까? 아, 물론 재미있으라고 한 얘기일 뿐이다. 사실 일이 도중에 끝나버리는 것은 귀신 탓이 아니라 그 사람의 운명 탓인 경우가 많다.

어쩌면 이렇게 반박하고 싶을지도 모르겠다. 운명 탓이 아니라 그저 평소에 실수가 많거나 성격이 치밀하지 못해서, 게다가 계획이 처음부터 엉성했기 때문에 일이 도중에 끝나버리는 것이라고 말이다. 하지만 단순히 그 사람의 성품 때문에 그런 일이 발생한다고만 볼 수는 없다. 아주 총명하고 치밀한 사람들도 도중하차하는 경우가 얼마든지 많기 때문이다.

내가 아는 어떤 사람은 무슨 일이든 끝까지 마치지 못하고 도중하차했다. 나는 그가 직장생활이든 자기 사업이든 일을 하다가 중간에 도망치는 것을 20번 가까이 봐왔다. 그러다 보니 그 후로 그 사람이 무슨 일을 시작하든, 으레 중간에 도망쳐버릴 것이라고 예측하게 된 것이다. 아닌 게 아니라, 그가 도중하차하리라는 것에 대한 나의 예측은 번번이 적중했는데, 실은 10번쯤 노트에 적어본 후에 추정해서 말해본 것이 적중했던 경우다.

그래도 참 이상했다. 10번이나 도중하차를 했는데 그 후에 또다시 10번이나 계속 중간에 그만두다니! 이런 식으로 세월을 보내다 보니 그의 인생은 어느덧 거의 종점에 와 있었다. 이런 사람은 우리 주변에서도 흔히 볼 수 있다.

이유는 따지지 말자. 그저 운명이 그렇게 되어 있는 사람이라고 보면 된다. 문제는 그러한 운명을 고칠 수 있느냐다. 물론 고칠 수 있다. 내가 고칠 수 있다고 말하면, 서양식 자기계발서에 익숙한 사람들은 그가 가진 특정한 버릇이나 습관을 고치면 도중하차하는 일도 사라지지 않겠느냐고 되묻는다. 하지만 습관이나 버릇으로 통칭할 수 있는 그의 행동은 결과일 뿐이다. 시든 나뭇잎에 녹색 페인트를 칠한다고 해서 나무가 다시 건강해지는 것은 아니지 않은가?

그는 그저 운명이 그런 것이지 딱히 어떤 버릇 때문에 그렇게 된 것은 아니다. 왜냐하면 나는 실제로 그와 비슷한 버릇을 가진 사람들도 많이 봐왔는데, 그들은 일이 도중에 끝나기는 커녕 안될 일도 오래오래 이어가다가 결실을 얻었다.

정말 그에게 '그만 귀신'이 달라붙어 있는 걸까? 그의 도중 하차 병을 고치려면 어떻게 해야 할까? 중간에 자꾸만 그만두고 도망치는 사람에게는 어떤 기운, 어떤 장소가 필요할까?

이런 사람은 단단한 물건이 많은 곳에 가보라고 권하겠다. 군부대나 자동차 공장, 돌조각이 많은 공원 같은 곳이 그곳이다. 실내라면 각지고 큼직큼직한 장식이 있는 곳에 자주 다녀봐야 한다. 바다 같은 곳은 안 된다. 집도 기와지붕이 있는 당당한 느낌의 집이 좋다.

군인들이 행진하는 모습을 자주 봐도 좋은데, 그들은 웅장하고 탄탄한 리듬으로 걷는다. 이런 것을 많이 봐야 한다. 탑이 있는 공원이나 사찰도 바로 그런 장소다. 부드러운 분위기의 카페는 운명을 개선하는 데 도움이 되지 않는다. 산에 가서도 풀밭보다는 돌덩이가 많은 곳에 앉아야 된다.

진위뢰

이러한 장소는 풍수의 관점에서 보면 진위뢰震爲雷인데 이는 '돌파'를 상징하는 괘상이다. '그만 귀신'은 먼 곳을 싫어하고, '고생 끝의 낙'보다는 '이만하면 되지 않았나!'를 좋아한다. 바로 진위뢰의 섭리가 부족한 것이다. '다 와서 문턱을 못 넘는다'는 말이 있는데, 세상일은 무엇이든 끝이 나야 끝나는 것이다. 매사에 도중하차하는 사람은 회사를 다녀도 정년까지 채우질 못한다. 결혼도 마찬가지라서 끝까지 가지 못하는 법이다. 이런 사람은 약속도 잘 지키지 않기 때문에 돈을 빌려주어서도 안 된다. 동업 역시 절대 안 된다.

스스로 생각하기에 자신이 뭐든 포기가 빠르고 중간에 쉽게 그만두는 성향이라면 삼가 머무는 곳을 잘 선택해야 한다. 험난하고 거친 곳이 오히려 이런 사람의 운명을 고치는 데 효과적이다. 여성들이 많은 미용실이나 로맨틱한 분위기의 와인 바 같은 곳은 전혀 도움이 안 된다. 집 안 분위기도 묵직하게 꾸며놓는 것이 좋다.

자신에게 맞춰 장소를 찾았다면 최소한 3개월 이상 다녀보라고 권하고 싶다. 왜 3개월일까? 천지의 순환은 4단계로 이루어져 있는데, 이때 한 마디라고 할 수 있는 한 단계가 3개월이기 때문이다. 그 장소에 머무는 시간이 길수록 그곳이 주는 효능은 높아진다. 영구적으로 좋은 곳에 머물 형편이 아니라면 시간이 날 때마다 자주 다녀보기 바란다. 이왕이면 지속적인 것이 좋다. 누적효과를 볼 수 있기 때문이다.

물론 필요한 장소에 종종 가보는 것도 효능은 있다. 이럴 때는 이틀에 한 번이라도 최소한 3개월 이상은 지속해야 한다. 그래야 영혼에도 틀이 잡힐 것이다. 사람에 따라서는 단 한 번만 그런 장소에 가보는 것으로 운명을 고치는 경우도 있지만, 그렇다고 해서 운명을 너무 쉽게 보는 태도는 지양해야 할 것이다.

오래 걸려도 좋다고 생각하고 한 걸음부터 시작하다 보면 오히려 쉽게 이루어지는 법이다. '이제 나는 그런 곳에 10번 가봤으니 운명이 고쳐지겠지' 하고 생각하는 사람은 오히려 시간이 더 오래 걸릴 것이다. 욕심을 내려놓고 그저 '이곳에 자주 와야지' 하고 생각하고 한 번 왔을 때 시간을 들여 그곳의 기운을 충분히 흡수하는 것이 좋다.

그렇다면 장소의 기운을 흡수한다는 것은 무엇일까? 어떻게 해야 나에게 필요한 기운을 흡수할 수 있을까? 일단 장소를 정했다면, 그곳에 찾아가서 자세히 살펴본다. 자주 찾아가서 그곳에 머물며 눈으로 꼼꼼히 관찰해야만 영혼에 그곳이 각인된다. 매사에 빈번히 도중하차하는 사람은 대개 거친 장소를 싫어한다. 이는 영혼이 그런 장소를 싫어하는 것이고, 그렇기 때문에 그런 운명이 되었다고 봐야 한다.

영혼이란 것은 여간해서는 훈련이 잘 안 된다. 그래서 나에게 필요한 기운이 있는 장소에서 오래 머물고 그곳을 자세히 살피라는 것이다. 자주 가보라는 것도 마찬가지 뜻이 있다. 여럿이 가도 좋고 혼자 가도 좋다. 그것은 별 차이가 없다. 요점은 좋은 곳에 갔다면 그곳의 기운을 충분히 느껴야 한다는 것이다.

어떤 장소든 그 장소만의 독특한 느낌이 있는데 '장소의 맛'이 바로 그것이다. 이것은 운명을 고치는 약이라고 봐도 틀리지 않다. 실제로 우리가 아파서 약을 먹을 때는 정성과 믿음이 필요한데, 장소의 맛을 느끼고자 할 때도 똑같다. 건성으로 보지 말고 마치 이곳을 꼼꼼히 관찰해야 할 중요한 이유가 있는 것처럼 충분히 감상하라는 것이다. 바로 이것이 장소의 기운을 흡입하는 방법이다. 사진이나 TV 등으로 보는 것은 거의 효과가 없고, 그 장소에 직접 가보는 것이 당연히 더 좋다. 그런데 방문하는 횟수도 중요하지만 질적인 면이 더 중요하다.

그 장소에 애착을 가지고 바라보면 더욱 좋다. 이렇게 할수록 장소가 주는 효능은 더 높아지게 마련이다. 앞에서 말했듯이 나는 병이 났을 때 극장에 찾아가서 운명을 바꾸고자 했다. 그때 나는 극장 내부의 모든 것을 사랑하는 마음으로 바라봤었다. 다행히 나는 병의 위기에서 벗어났다. 의사의 정성 어린 치료를 폄하하는 것이 아니다. 나는 오히려 의사의 치료를 돕고 싶은 마음에 스스로 좀 더 노력했을 뿐이다.

이렇듯 운명개선을 위해 '장소 치료'를 택하고 그곳에 머무를 때는 경건함이 절대적으로 필요하다. 자신은 지금 문제가 있고 그것을 고치려고 이곳에 와 있는 것이 아닌가! 장난삼아 와봤다는 생각은 영혼이 심각하게 받아들이지 않기 때문에 아예 그런 곳에 오래오래 산다 해도 효능이 별로 없거나 늦어질 것이다.

이 장의 내용을 정리해보겠다. 일이 맥없이 무산되는 것을 막자는 것이다. 열심히 노력하고 제대로 했는데도 도중하차가 반복된다면 이는 분명 운명의 문제다. 이때는 독한 마음, 치밀한 계산이 필요한 것이 아니라 순순히 운명이라고 받아들이면 된다. 나쁜 운명이란 그것을 순순히 받아들이는 사람에게서 오히려 쉽게 떠나는 법이다. 또한 그런 운명을 쫓아버릴 수 있는 장소를 선택해서 그곳에 자주 찾아가고 머물러야 한다.

2

지독한 실패의 늪에서
벗어나려면

우리 속담에 '오르지 못할 나무는 쳐다보지도 말라'는 것이 있다. 이는 자기 힘에 벅찬 꿈을 갖지 말라는 뜻이다. 예를 들어 성적이 아주 낮은 학생이 자신의 성적으로는 도저히 들어갈 수 없는 일류대학만 고집하는 식이다. 스포츠에서 예선통과도 힘든 팀이 우승을 목표로 하는 것도 허망한 꿈이다.

꿈을 크게 갖지 말라는 뜻은 절대 아니다. 뻔히 안 될 일을 목표로 삼지 말라는 것뿐이다. 그런데 많은 사람들이 허망한 꿈을 꾸며 살아가고 있는 것이 오늘날의 현실이다. 이런 사람은 목표에 도달하지 못하는 것은 물론이고, 허망한 꿈을 좇느라 다른 할 일을 제대로 못하기 때문에 손해가 이중으로 겹치게 된다. 어디 이뿐이랴. 허망한 꿈에 도전했다 실패한 사람들은 대체로 현실감각이 없어서 반성도 없고 재기하고자 하는 희망이나 의욕마저 상실하고 만다.

K의 예를 들어보자. K는 한때 잘나갔다. 신문사 기자로 성실히 근무했고 부장으로 진급도 했다. 더불어 앞날의 전망도 아주 좋은 편이었다. 그런데 이 사람이 갑자기 허망한 꿈을 꾸기 시작했다. 돈을 더 벌겠다는 것이 아니라 쉽게 벌겠다는 꿈이었다. 아랫사람을 많이 거느리고 싶다는 꿈도 꾸었다. 그래서 K는 신문사에 재직 중인 상태에서 다단계 사업을 시작했다.

어쩌다가 이 사업에 흥미를 느끼게 되었는지는 알 수 없지만, K는 얼마 후 이 사업에 확 미쳐버렸다. 그리하여 주변의 모든 사람에게 자신이 하고 있는 다단계 판매조직에 가입할 것을 권유하기 시작했고 이 때문에 많은 사람으로부터 따돌림을 받게 되었다. 다니던 회사에서도 동료들이 좋게 바라볼 리가 없었다. 마땅히 현재 다니는 직장에 충실해야 할 사람이 허망한 꿈에만 매달리고 있으니 말이다.

회사의 상층부에서도 이런 사람을 진급시킬 리가 없었고, 동료들도 이 사람만 보면 맥이 빠졌다. 결국 K는 회사에서 권고사직당했다. K는 회사에서 퇴직당할 것을 예측했기 때문에 미리 다단계 사업을 준비했다고 주장했다. 사실 다단계 사업에서 성공하는 것보다 현재의 직장에서 계속 열심히 일하는 것 자체가 이미 성공인데도 불구하고 K는 종래 헛된 꿈을 버리지 못했고, 이로써 인생은 급락을 거듭했다.

그 후 K는 다단계 사업에서 크게 실패했고, 이혼당해 가족과 헤어졌으며, 수변의 진구와 농료들도 모두 떠나갔다. 무엇보다도 큰 손실은 이미 실패한 다단계 사업에 계속 매달리는 탓에 미래가 완전히 사라지고 만 것이다. 그는 앞으로도 그렇게 세월을 보내다가 늙어서 아무것도 할 수 없을 때가 되어야 멈출 것이다.

나는 그에게 그 사업은 반드시 실패할 것이니 당장 그만두라고 100번 이상 경고했었다. 그때마다 그는 1년만 더 해보고 그만두겠다고 하면서 무려 10년을 훌쩍 넘겨버렸다. 이제는 거의 모든 희망이 사라진 인생이다. 나이는 아직 60세도 안 되어 충분히 재기할 수 있는데도 희망이 없어졌다.

세상에는 K처럼 한 가지 꿈에 집착하여 다른 일을 하지 못하고 세월마저 탕진하면서 점점 더 깊은 수렁으로 빠져드는 사람이 적지 않다. 한 가지 직업에 매달리지 말라는 말이 아니다. 직업이란 스스로의 선택에 따라 수입이 많든 적든 일생 동안 종사할 수 있다.

하지만 인생을 점점 파탄으로 몰아넣는 일을 직업이랍시고 계속 몰아붙이면 안 된다. 게다가 노력한 만큼 정당하게 버는 것이 아닌 일확천금을 노리는 허황된 꿈에 계속 사로잡혀 있어서는 안 된다. 실력이 그저 그런데 반드시 서울대에 들어가야 한다며 6번이나 재수하고도 떨어지는 사람도 있고, 사법고시를 기필코 패스하겠다고 18번이나 응시하는 사람도 봤다. 그 자체가 나쁘다는 것은 아니지만, 허망하게 탕진해버린 시간과 젊음은 어디 가서 보상받을 것인가.

K가 만일 다단계 사업으로 큰돈을 벌고 성공했다 하더라도, 그것은 실패인 것이다. 인생은 돈이 전부가 아니다. 가족도 없고, 친구도 떠나고, 인간관계가 죄다 파탄 났으니 아무리 큰돈을 번들 그게 어찌 성공이겠는가!

허비한 인생을 만회할 수 있는 기회

그렇다면 이런 사람은 어떻게 고칠 수 있을까? 과연 방법이 있는 것일까? 있다! 땅의 힘을 빌려 개과천선하고 새로이 갈 길을 정하면 된다. 여기서 땅의 힘이란 물론 머무는 장소가 주는 기운을 말한다. 이 사람은 어떤 장소에 가야만 그 가혹한 운명에서 벗어날 수 있단 말인가!

그런데 여기에는 한 가지 전제조건이 있다. 그 사람 스스로가 그 장소에 찾아가야 한다는 것이다. 강제로 끌고 데려가 봐야 아무 소용없다. 영혼이 그 땅의 기운을 거부하기 때문이다. 인생은 참으로 길다. 아무리 긴 세월을 허비했어도 살아날 희망은 있는 법이다. 옛말에 하늘이 무너져도 솟아날 구멍이 있다고 하지 않았는가? 여기서 솟아날 구멍이란 다름 아닌 운명을 개선할 좋은 장소를 말한다. 그 장소에만 가면 새로운 생각과 새로운 일감이 생길 것이다.

그 장소는 어디일까? 바로 숲속이다. 안개 속도 좋다. 그리고 또한 목욕탕에 가서 탕 속에 몸을 오래 담그고 있어도 좋다. 이로써 운명은 차츰 개선될 것이다. 내가 일부러 굉장히 지독한 경우, 지독한 운명을 예로 들었는데, 이것은 아직 그러한 운명에 빠지지 않은 많은 사람들에게 경고를 해주기 위함이다. 평범한 사례를 들어 얘기하면 말을 잘 듣지 않아서 지독한 사례를 들었다. 아무리 지독한 운명이라도, 일단 스스로 반성을 하고 고치면 된다. 공자님도 '불가한 일은 그만두라不可則止'고 하지 않았는가. 집념이란 것이 반드시 좋은 것만은 아니라는 것도 이 기회에 알아두기 바란다.

그러면 여기서 숲속, 안개 속, 탕 속의 뜻에 대해 알아보자. 《주역》의 괘상으로는 이를 수뢰준水雷屯이라고 하는데 심오한

수뢰준

뜻이 숨어 있다. 우선 이 괘상은 험난함 속에서 힘을 비축하고 있다는 뜻인데, 우리가 어머니 뱃속에 있을 때도 이러한 상태였다. 그래서 목욕탕 속에 오래 들어가 있으라는 것이고(뱃속과 비슷한 환경이므로) 숲속이나 안개 속도 같은 뜻으로 권하는 것이다.

수

뢰

숲이나 안개도 괘상으로 수水이고, 그 속에 있는 사람은 뢰雷가 된다. 즉 우레가 구름 속에 있는 상황과 같은 것이다. 이 우레는 조만간 구름을 탈출하여 천지를 진동시킬 것이다. 지독한 운명에 빠진 사람은 다시 태어나듯 어머니의 자궁 속 같은 곳에서 영혼의 힘을 가다듬어야 한다. 그리하여 새로 태어나게 된다. 이 길만이 허비한 인생을 만회할 수 있는 기회다. 지독한 운명에서 벗어나고 싶다면 숲속으로 가라. 새벽에 일어나 안개 속을 거닐어보라!

3

평범한 운명도
비범하게 바꾸는 천장의 힘

'피라미드 파워'라는 것을 들어본 적이 있는가? 이는 피라미드 내부 공간에 발생하는 신비한 힘을 말하는 것이다. 그 안에 음식물을 넣어두면 상하지 않는다거나, 면도칼의 날이 저절로 날카로워진다거나 하는 내용인데, 다소 유치한 얘기다. 설마 고대 이집트 왕들이 고작 그런 사소한 효과를 보려고 그 어마어마한 피라미드를 지었을까? 그건 아닐 것이다. 고대의 왕들은 영혼의 부활, 후대의 발전 같은 것을 염두에 두고 그토록 힘들게 피라미드를 건축했을 것이다.

어쨌건 오늘날 많은 사람이 그 안에 신비한 힘이 있다고 믿는데, 그 연구는 계속 이어지고 있다. 실제로 피라미드는 인류 문명의 7대 불가사의 중 하나인데, 그것을 건축하는 과정도 신비하고 불가사의한 측면이 있어 연구되고 있다. 그중 한 연구에 따르면 피라미드에 쓰인 돌덩이가 그 지역에서 나는 것이 아니라고 한다. 그래서 그 돌이 어디서 왔는지를 추적해보니, 다름 아닌 바다 건너의 어느 산에서 채석된 돌이라는 것이다. 그렇다면 그것이 어떻게 바다를 건너 이집트까지 온 걸까?

이런 일은 당시 인력이나 장비의 수준을 고려해볼 때 거의 불가능한 일이라고 현재의 과학자들은 판단하고 있다. 그런 정도의 일은 현대의 최신 중장비를 동원해도 불가능할 것이라는 판단이다. 산을 폭파시켜 그 많은 돌을 채석하는 것은 물론이고, 중장비도 없이 산 아래로 내리는 것도 문제다. 사람의 힘만으로 그 돌들을 항구까지 옮겨 배에 싣는 것도, 바다를 건너온 후 배에서 내려 사막 한가운데 피라미드 건설 현장까지 옮긴다는 것 역시 상상도 할 수 없는 일이니 말이다.

그래서 피라미드 연구자들은 새로운 주장을 내놓기도 했다. 피라미드에 사용된 돌은 바다 건너 그 산에서 온 것이 맞고, 그 돌은 허공을 날아서 사막 한가운데 떨어졌다는 것이다. 물론 초超 문명이 개입했다는 말인데, 아무리 그래도 그 말을 그대로 믿기는 무리한 면이 있다. 그 문제는 인류의 과학이 지금보다 더 발달한 후에 깊은 연구를 통해 밝혀질 일이다.

공간 속에서 생명체가 받는 기운

여기서는 피라미드 건축 방법이 아닌 그 내부 공간의 힘에 대해 고찰해보고자 한다. 피라미드 내부에는 정말 신비한 힘이 존재할까? 나는 그렇다고 생각한다. 하지만 그 힘이 피라미드라서 나오는 것은 아니다. 그저 우주 대자연의 힘인 것이다. 우리가 사는 우주는 공간 조성에 따른 힘이 존재하는데, 이는 단순히 형태의 작용일 뿐이다. 풍수에서 다루는 힘도 바로 그런 힘이다.

공간이란 그것을 감싸고 있는 구조물에 따라 다양한 기운이 분출된다. 이는 오늘날 과학자들도 다 밝혀내지 못한 힘인데, 앞으로 점점 더 많은 사람들이 관심을 갖게 될 것이다. 이는 우선적으로 건축 설계자들에 의해 연구되고 활용되고 있다. 동양 문화권에서는 이미 실생활에서 많이 쓰이고 있었던 내용이기도 하다. 예를 들어, 왕궁의 건축물들은 모두 공간의 효능을 극대화시킨 쪽으로 설계되어 있다.

그렇다면 공간의 효능이 무엇일까? 먼저, 공간을 둘러싸고 있는 건축물에 따라 그것에 무엇인가 밝혀지지 않은 힘이 작용하고 있다는 것은 두말할 나위가 없다. 평범한 사람들도 어떤 건축물 안에 들어갔을 때 색다른 느낌을 받곤 한다. 그것이 공간의 힘이다. 서양의 건축가들은 공간심리空間心理에서 그 원인을 찾고 있지만, 실은 공간기하空間幾何의 자체적인 힘이라고 보는 편이 적절하다. 공간심리는 최소한의 작용을 얘기하는 것뿐이다.

서양의 건축가들은 아직 영혼의 작용을 파악하고 있지는 못하다. 보통 우리가 말하는 '심리학'과 영혼의 작용은 그 차원이 다르다. 영혼은 물질이 아닌 양陽의 작용이기 때문에 이 힘은 시공을 초월해 존재한다. 서양 건축가들이 논하는 '공간심리'는 고작 공간에서 느끼는 감정일 뿐이다.

공간의 힘을 세분하자면 첫째는 그 모양에서 나오는 공간물리空間物理다. 이는 우주 근원에서부터 주어진 공간의 형태에 따라 발출하는 힘이다. 둘째는 그 공간의 모양에 따라 반응하는 영혼의 작용인데 이는 오늘날 과학에서 아직 다루지 못하는 부분이다. 영혼은 무한한 속도를 가진 양의 힘을 구사하기 때문이다.

또한 영혼은 시간현상과 작용하고 있다. 원래 '시간'이란 것은 상당히 철학적인 개념으로서 양陽의 작용의 일부일 뿐이다. 이 모든 문제에 대해 상세하게 논의하자면 끝이 없으니 이 정도로 정리하겠다.

그렇다면 공간의 힘을 한마디로 정의하면 무엇일까? 이 개념에 대해서는 이미 《주역》이 확립해놓았다. 피라미드나 어머니의 자궁 또는 잘 건축된 돔 속의 공간 등은 《주역》의 괘상으로 '택뢰수澤雷隨'다. 이는 공간 속에서 생명체, 즉 인간이 받고 있는 기운을 나타내는 괘상이다.

택뢰수

산

뢰

《주역》의 괘상은 단순히 표현만 나타내는 형식적인 기호가 아니다. 그 기호는 구조가 있는데, 이것은 자연의 작용에 대해 구체적인 이유까지 설명하고 있다. 이는 여기서 길게 논의할 문제는 아니다. 다만 우리는 택뢰수의 현상에 주목해야 할 것이다. 어떤 상황이 발생했을 때 우리가 이것을 통제하기 위해 선택하는 것이 바로 택뢰수의 공간인데, 이와 같은 힘을 활용한 것이 바로 피라미드라는 것이다. 피라미드는 매우 특수한 모양으로 겉보기보다는 그 내부의 공간형태가 중요하다. 이것을 잠깐 설명하고 넘어가자.

우리가 사는 집의 천장을 살펴보자. 대개의 방들은 천장도 바닥과 마찬가지로 밋밋하게 되어 있다. 즉 수평으로 되어 있는 것이다. 이것은 앞서 밝힌바 있는 산山에 해당된다. 그리 좋은 구조는 아닌데 이런 천장은 그 안에 사는 사람을 압박한다. 아무리 천장이 높다고 해도 밋밋한 구조는 좋지 않다. 이런 구조의 천장은 위를 막고 아래로 누르는 힘만 있을 뿐이다.

천장을 제대로 꾸미려면 위로 치솟는 모양의 입체적인 구조여야 한다. 그것이 바로 피라미드의 구조다. 고대 이집트 사람들은 그것을 충분히 감안하여 피라미드를 지은 것이다. 그저 직사각형 상자 모양의 평평한 건축물이라면 신비한 힘이 발생하지 않는다. 피라미드는 안에서 볼 때 천장이 위로 치솟아 있는 형상인데, 이로써 그 공간에는 기하역학幾何力學적 힘이 발생하고, 그보다 먼저 영혼의 힘이 발동하는 것이다.

피라미드 모양의 구조물은《주역》에서 뢰雷에 해당된다. 우리가 사는 집에서는 방의 모서리가 솟아오른 천장에 해당된다. 피라미드는 모서리의 진취성을 천장에 배치한 것뿐이다. 이 힘이 그 안에 있는 사람의 기운을 총체적으로 길러주는 역할을 하고 있으니, 이것이 괘상으로 택뢰수다.

미국의 작가 아이작 아시모프Isaac Asimov의 공상과학 소설에도 이러한 개념이 등장하는데 미래의 인류는 아예 지구 전체를 둘러싼 건축물 내부에서 살고 있다는 내용이다. 이러한 건축물은 일장일단一長一短이 있겠지만, 장점만 얘기하자면 생명력의 증강을 돕는다. 공간이란 막아놓으면 힘이 비축되고 그 안에서 새로운 힘이 발생하는 것이 자연의 이치다. 일부 과학자들은 미래에 인류가 아예 태양계 전체를 둘러싸는 구조물을 만들 것이라고 주장하기도 한다.

또한 어떤 과학자들은 지구 내부에 문명이 존재한다고 주장하기도 한다. 그런 문명이 실제로 있다면 그들은 지구 자체를 지붕으로 삼고 있는 거대한 돔 안에 살고 있는 셈이다. 그렇다면 이것은 상당한 이점이 있다. 하늘을 막고 있으면 영혼이 요동치는 것을 멈출 수 있기 때문이다. 탁 트인 공간은 희망을 주지만, 반대로 기운을 많이 소모시킨다는 단점이 있다. 이 문제는 너무 심오한 내용이므로 일단 그냥 넘어가도록 하겠다.

이제 지루한 얘기는 그만하고 현실로 돌아오자. 여기 뚜렷한 문제점은 없지만 그저 총체적으로 활력이 부족한 사람이 있다(실은 그것이 가장 큰 문제지만). 어쩌면 이 사람은 그 누구도 아닌 우리 모두를 말하는 것인지도 모르겠다.

우리의 힘은 무한대인가? 우리의 운명은 만족할 만한가? 그렇지 않을 것이다. 그래서 우리는 끊임없이 힘을 보강하면서 살아야 한다. 밖으로 노력하는 것도 좋지만 그것은 한계가 있는 법이다. 우리의 영혼 내부에서 발출하는 힘이 부족하기 때문이다. 출세를 못하거나 불운한 일을 많이 당하는 사람은 영혼의 힘이 약해서 그렇다. 옛날의 영웅들은 영혼에서 나오는 막강한 힘으로 역사를 움직였다. 누구나 어떤 특별한 문제가 없더라도 계속해서 힘을 보강할 필요가 있다.

그것을 돕는 장소는 어떤 곳일까? 이 장의 주제가 바로 그
것이다. 어디가 좋은가? 앞에서 피라미드 얘기를 한 이유를 눈
치챘는가? 피라미드 내부에 머물면 아주 이상적일 것이다. 그
러나 이것은 현실적으로 불가능하다. 그렇다면 그와 같은 힘
을 발휘하는 장소를 찾으면 되지 않을까? 그것은 별로 어렵지
않다. 천장이 아주 넓게 덮여 있는 공간이면 된다. 예를 들어
실내 스포츠 경기장 같은 곳 말이다. 더 좋은 곳은 거대한 호
텔 로비나 그와 유사한 휴식공간이다.

뇌천대장

실내 스포츠 경기장은 그저 천장을 막아놓은 것뿐이지만
호텔처럼 거대한 건축물 내부는 단단한 재료로 천장을 진취적
으로 막아놓은 것이다. 이를 《주역》에서는 뇌천대장雷天大壯이
라고 한다. 이 괘상에 나오는 공간이 바로 택뢰수의 연장으로
써 우리에게 기운을 주는 곳이다.

생명의 기운이란 끝이 없는 것이므로 비록 운명이 좋은 사
람일지라도 더 좋은 미래를 위해서 위대한 건축물의 내부 공
간에 자주 머물러야 한다. 현재 운명이 안 좋은 쪽으로 흘러가
는 사람은 더 말할 필요가 없다. 비타민이나 건강기능식품을
부지런히 챙겨 먹듯 틈나는 대로 그러한 공간에 찾아가 기운
을 받을 필요가 있다.

요점은 크고 단단하게 덮인 천장이다. 이왕이면 웅장한 대리석으로 된 곳이 좋고, 그 안에 있는 조명들도 장엄한 느낌이 나는 것이면 더 좋다. 큰 건물이나 광장 같은 곳은 자주 가볼수록 좋다. 물론 밋밋한 천장으로 덮인 공간은 아무리 넓어도 소용없다. 피라미드가 달리 피라미드인가! 피라미드는 천장이 위로 치솟아 있어서 효과가 있는 것이다. 오늘날 도심에 사는 사람은 그와 같은 장소를 얼마든지 쉽게 찾을 수 있다. 큰 건물, 호텔 등에 가보면 된다. 이는 오늘날 문명이 주는 혜택이다. 큰돈 들이지 않고도 그런 공간에 쉽게 가볼 수 있으니 말이다.

이러한 공간에 머무는 것은 실외에서 산책하는 것에 버금간다. 산책은 몸을 운동시키지만 영혼은 약간이라도 기운이 소모된다. 하지만 장엄한 건축물의 내부는 영혼의 힘을 보강해준다. 옛날의 왕들도 그런 곳에서 살았겠지만 그래도 현대의 웅장한 건물들만큼 장엄하지는 않았을 것이다. 이번 장에서는 평범한 운명을 발전시키는 장소에 대해 알아보았는데, 이는 누구에게나 필요한 장소라는 사실을 기억해두기 바란다.

4

애인이 생기는
운명의 장소

얼마 전 나는 S로부터 희한한 얘기를 들었다. S는 젊은 아가씨인데 연하의 남자친구와 연애 중이었다. 그런데 그 남자친구와 만난 지 50일이 되었다면서 어떤 선물을 사줘야 하느냐고 나에게 묻는 것이었다. 나는 처음에 그게 무슨 뜻인지 몰랐다. 알고 보니 사귄 지 50일이 되어서 남자친구가 선물을 원한다고 했다. 세상에!

남녀가 만나서 일정 기간이 지나면(100일이든, 1년이든) 그것을 함께 기념하는 것은 좋다. 하지만 남자가(아무리 연하의 남자친구라도) 여자에게 선물을 요구한다니 일흔을 바라보는 나로서는 기가 막힐 노릇이었다. 그래서 나는 S를 야단쳤다.

"그런 일이 있어서야 되겠어? 선물을 준다면 남자가 여자에게 주어야지, 어째서 여자가 그런 일을 해?"

그랬더니 S는 이해를 못하겠다는 표정으로 이렇게 말했다.

"선생님은 뭘 모르시네요. 요즘엔 다 그렇게 해요!"

허, 나 원 참! 요즘 젊은이들은 과연 그럴까? 나는 다른 여자에게도 물어보았다. 그랬더니 S의 말이 맞다며 "선생님 젊은 시절에는 안 그랬어요?" 하고 반문하는 것이었다. 도대체 영문을 모를 일이었다. 그래서 이번에는 그 나이 또래의 남자에게 다시 물어보았다. 그 남자는 "네, 여자가 남자한테 선물도 주고 그래요. 그런데 왜요?" 하고 대답하면서 '별걸 다 묻네' 하는 표정이었다. 그래서 나는 내친김에 다른 것도 물어보았다.

"그렇다면, 여자와 데이트를 할 때 그 비용은 누가 내니?"

남자는 쉽게 대답했다.

"반반씩 내기도 하지만, 요즘은 여자가 더 내는 커플도 많아요."

나는 도저히 납득이 가지 않아서 다른 사람에게도 같은 질문을 해봤다. 대답은 역시 같았다. 요즘은 동갑이거나 여자 쪽이 연상인 커플이 많아졌는데, 남자보다 여자가 돈을 더 잘

벌게 되어서 여자가 남자에게 선물을 주는 경우도 흔해졌다는 것이다. 그래서 데이트 비용도 여자가 더 많이 낸다고 했다. 그러고 보니 나도 식당이나 커피숍에서 남녀가 함께 나갈 때 여자가 돈을 내는 장면을 종종 본 것 같다. 당시에는 그만한 사정이 있으려니 했지만, 이제야 알게 되었다. '아, 세상이 이렇게 변했구나…!' 아직도 실감이 나지 않지만, 많은 남녀가 그렇다고 하니 믿을 수밖에 없는 일이다.

오늘날 여성들이 경제적으로 더 유능해지고, 사회적으로 더 많은 권리를 누리게 된 것은 나 역시 환영하는 바다. 하지만 이렇게 변화한 남녀관계에는 운명적으로 심각한 문제가 있어 지적하고자 한다. 받아들이기 좀 불편하더라도 양해해 주길 부탁드린다.

세상이 어떻게 변하든 간에, 선물은 남자가 여자에게 주어야 하고, 데이트 비용은 남자가 내야 함이 절대적으로 옳다. 그만한 이유가 있다. 내가 이런 이야기를 하면 요즘 젊은 남자들은 어째서 그래야 되느냐고 항변하면서 "선생님은 옛날 사람!"이라고 비웃어버린다.

내 나이가 내일모레 일흔이니, 내가 옛날 사람인 것은 맞다. 하지만 남자가 여자에게 베푸는 것은 대자연의 섭리에 순응하는 것이다. 반대로 여자가 남자에게 베푸는 것은 자연의 섭리를 거스르는 행동이다. 세상에는 양陽, +이 먼저 있었고, 뒤에 음陰, -이 생겼기 때문에 이런 섭리가 존재한다. 당초 양이란 스스로 생겨났기 때문에 이는 불평등한 일이었다. 자연계는 대칭성을 유지해야 하는 특별한 이유가 있다. 그래서 뒤늦게 음이 태어나 균형을 잡게 되었다.

양은 먼저 태어난 죗값(?)을 치러야 하므로, 음에게 무엇인가 바쳐야 한다. 남자가 양이고 여자가 음인데 남자는 태어나는 순간 여자에게 봉사해야 하는 임무가 주어진다. 대자연은 이러한 섭리에 따라 움직이는데, 모든 생물계에서 남자가 여자에게 주는 것이 관찰된다. 이것은 불평등이 아니다. 오히려 균형을 이루려는 노력이다.

우주는 양으로 시작했기 때문에 그 행위에 대한 대가를 치러야 한다. 그것이 바로 음에게 돈이든 선물이든 주어야 하는 이유이다. 음은 자연의 감독관(?)이고 균형을 잡기 위해 태어난 존재다. 양이 먼저 태어났다는 그 자체가 부당한 행위다. 그래서 하늘은 이를 거두어들이기 위해 음을 만든 것이다.

대자연계를 보라. 모든 남자(수컷)가 여자(암컷)에게 충성을 다하지 않는가! 여자는 남자에게서 받을 권리가 있고 남자는 여자에게 항상 무엇인가를 줘야 하는 의무가 있다. 이는 은행에서 돈을 빌리고 그것을 갚는 것과 같은 뜻이다. 제멋대로 먼저 태어난 것은 자연에게 빚을 진 셈이다. 이유 없이 태어났으니 말이다.

양이란 바로 그런 존재다. 음은 태어나고 싶어서 태어난 것이 아니라 양이 먼저 태어나 있기 때문에 균형을 맞추기 위해 수동적으로 태어났다. 즉 음은 자연계를 위해 태어난 것이고 양은 자기 자신을 위해 태어난 존재다. 그래서 양(남자)은 하늘에 빚을 졌다는 것이다. 아무것도 없는 곳에서 불쑥 나타났으니 세금을 내야 한다. 세상에 없던 집을 지어놓았으니 재산세를 내야 마땅한 법이다. 그리고 그 세금은 여자가 받는 것이다.

대자연의 섭리가 이러하므로 선물은 남자가 여자에게 주는 것이 당연하다. 서로 만나 50일이 되었든 50년이 되었든, 여자는 남자에게 절대로 선물을 주어서는 안 된다. 그것은 착한 일이 아니고 자연의 섭리를 거스르는 죄악이다. 그래서 그런지 S는 남자친구에게 50일 기념선물을 준 후에 100일이 채 못 된 상태에서 버림받았다.

여자는 자신의 받을 권리를 당당하게 행사해야 운명도 좋아지는 법이다. 데이트 비용을 자기 혼자 다 내고도 남자에게 이별당하는 여자들을 나는 실제로 많이 봤다. 남자는 주는 존재, 여자는 받는 존재가 되어야 자연의 섭리에 맞는 것인데, 그 반대가 되면 그 관계는 오래 가지 못한다. 나는 젊은 여자 아이들을 만날 때마다 이렇게 가르쳐왔다. 남자에게는 차 한 잔 값도 내주어서는 안 된다고…. 오히려 계속 사달라고 조르는 것이 옳다고….

　이 글을 읽는 젊은 남성들은 남자로 태어난 게 무슨 죄냐며 억울하다고 생각할지 모르겠다. 그렇다면 더더욱 음양의 원리를 깊게 생각해보기 바란다. 대자연계에서 양이란 음에 봉사하는 것 말고는 딱히 세상에 할 일이 없다.

양은 주는 존재, 음은 받는 존재

남녀의 의무와 권리에 대해서는 이 정도로 마무리하고, 다른 중요한 문제로 넘어가보자. 자, 여자 입장에서 남자가 없으면 어떻게 될까? 이 문제는 여자에게 가장 심각한 문제가 아닐 수 없다. 애인이 없다는 것! 이건 큰일 날 일이다. 이 얘기 역시 여성 독자들이 읽기 불쾌할 수도 있으니 미리 양해를 부탁드린다.

　요즘은 태어날 때부터 솔로였다는 의미의 '모태솔로'라는 말도 흔하게 쓰이고, 혼자가 편하다며 아예 연애를 하지 않는 젊은이들도 많아졌다고 한다. 5포 세대니 7포 세대니 하면서 젊은 사람들이 많은 것을 포기하고 있는데, 그중 꼭 빠지지 않는 것이 연애와 결혼이다. '건어물녀'라는 신조어도 있는데, 남자친구나 애인 없이 혼자 쓸쓸하게 말라가는(?) 여성을 말한다. 그런데 도대체 애인이 없다는 게 무슨 큰일이라는 것일까? 앞에서 말한 내용을 다시 생각해보기 바란다. 양은 주는 존재이고 음은 받는 존재인데, 음에게 세금을 내야 하는 양이 없다면 음은 어떻게 되겠는가? 존재 자체가 위태로워질 수도 있다. 그러니 음은 반드시 양이 있어야 한다.

그렇다면 세상천지에 어디로 가야 애인이 생길까? 잠깐! 애인이 생기는 장소에 가기 전에 할 일이 있다. 그것은 반성인데, 다시 한 번 강조하자면, 여자가 남자한테 무엇이든 선물을 줄 생각을 하면 안 된다는 것이다. 어디 가서든 남자에게 돈을 쓰는 일도 안 된다. 아무리 남자가 필요해도 여자는 다급하게 생각해서는 안 되는 것이다. 여자는 도도하고 당당해야 한다.

이런 점을 먼저 반성한 후 좋은 장소를 찾으면 된다. 하지만 스스로가 운명을 방해하지 말아야 장소의 효과가 극대화되는 법이다. 그 장소는 바로 모닥불이 있는 곳이다. 모닥불을 자주 보면 영혼은 애인을 찾아내게 된다. 그런 장소가 없으면 장작을 피워서 그런 장소를 만들어도 좋다. 다만 장작에 불이 붙어 활활 타오르는 모습을 직접 봐야 한다.

이런 모습은 《주역》의 괘상으로 풍화가인風火家人이란 뜻인데 이는 짝이 생기거나 가정을 이룬다는 뜻이다. 장작불이 어째서 그런 뜻이 있느냐는 공부를 좀 더 해야 알 수 있다. 하지만 《주역》을 몰라도 그런 장소에 가면 영혼이 알아서 애인이 생기는 상황을 창조해내는 것이다. 영혼은 그런 힘이 있다.

영혼은 모닥불을 보면 애인을 만들어내지 않고는 못 배긴다. 괘상의 이름이 '가인家人'인데, 이는 문자 그대로 가족이나 단체(애인이 있으면 들어갈 단체) 등을 일컫는다. 모닥불 외에도 땅에서 장엄하게 솟아난 거목도 같은 뜻이 있다. 자잘한 나무는 안 된다. 상당히 큰 나무만이 '가인家人'이란 뜻을 형성하는 것이다.

산이나 고궁에 가보면 그런 나무가 있는데 자주 찾아볼수록 애인이 생기는 시기가 앞당겨진다. 하지만 명심할 것은 저기 남자가 오고 있어도 미리 마중 나가지 말아야 한다. 오히려 슬슬 피하는 게 좋다. 그렇게 해야만 진짜 애인이 나타나는 법이다. 굴뚝의 연기도 모닥불과 같은 효과가 있다. 뜻이 같기 때문이다.

똑같은 유니폼을 입고 집단을 이루고 있으면 이 역시 풍화가인에 해당된다. 운동선수들이 그렇고, 경찰관이 무리지어 있는 것도 마찬가지다. 이런 사람들이 모여 있는 곳이 애인을 만나게 하는 운명의 장소다.

5

행운의 여신은
어째서 여신인가?

'행운의 여신'이란 말이 있다. 신이 행운을 가져다준다는 뜻인데, 왜 그 신은 그냥 신이 아니고 굳이 '여신'일까? 이것 역시 깊은 의미가 담겨 있다.

여성에 관한 얘기를 좀 더 해보자. 기독교에서 나오는 천사들은 주로 날개가 달려 있는 여성인데 아름답고 자연스러워 보인다. 천사는 왜 여성일까? 물론 남자 천사도 있지만, 명화에 나오는 천사는 모두 여성이다. 무슨 이유가 있을까? 동양의 신선도에도 천녀天女가 하강한다는 얘기가 나오고, 우리나라 옛날 얘기 중 '선녀와 나무꾼'에 나오는 선녀도 하늘에서 내려온 여성이다. 심지어 가톨릭에서는 신앙의 주체가 여성인 성모 마리아다. 미국에 있는 '자유의 여신상' 역시 남신도, 그냥 신도 아닌 여신이기 때문이다. 왜 모두 여성일까?

이 문제는 반드시 짚고 넘어가야 할 내용이다. 그만한 이유가 있다. 신의 세계에서 이렇게 자주 여성이 출현하는 것은 대자연의 섭리와 깊은 관계가 있기 때문이다. 이 문제를 풀기 위해서 여성이라는 단어를 '음陰'이라는 단어로 바꾸고 시작해보겠다. 여성이란 음의 속성을 지닌 존재일 뿐인데, 음이라고 하면 더 깊은 의미를 밝힐 수 있기 때문이다. 여성의 극한이 음이라고 이해하면 간단하다. 이제부터 음의 개념에 대해 조금만 공부해보자.

여기 돈이 있다. 이것으로는 아무것이나 살 수 있다. 가령 바닷가 여행을 하는 중이라면 이것으로 생선회나 조개구이를 사먹을 수 있다. 하지만 돈 자체는 먹을 수 없다. 그래서 산중에서 돈만 있고 식량이 없으면 굶어 죽을 수 있다. 가정에서도 아빠가 돈을 벌어와도 엄마가 그 돈으로 음식을 사오지 않으면 아이들은 굶게 된다. 돈이란 쓰는 순간 그 효용이 발생하는 법이다.

돈처럼 잠재적인 힘이 있는 것을 '양陽'이라고 한다. 양이란 음과 대비되는 개념으로 창조의 원천을 의미하는데, 음은 그것이 구체화되었을 때 사용하는 개념이다. 양이 원인이라면 음은 결과라고 보면 된다. 쉽게 말해서 아이가 열심히 공부해서 실력이 아주 좋은데 대학시험에 떨어지면 무슨 소용이 있겠는가! 공부는 양이고 시험합격은 음이다.

이처럼 음이란 현실 그 자체인 것이다. 철학에서는 양을 가능태可能態라고 하고 음은 실태實態라고 부른다. 세상의 모든 일은 음으로써 이루어진다는 개념인 것이다. 평생 열심히 일했는데 벌어놓은 재산이 없다면 이는 양은 있는데 음이 없다는 뜻이다. 외모가 아주 예쁘거나 잘생겼는데 애인이 없다면 이것도 바로 양(예쁘거나 잘생긴 것)만 있고 음이 없는 것이다. 물론 여기서 음이란 결실로서 애인을 말한다.

결혼을 했는데 자식이 없고 또한 행복하지 않다면 이 또한 양은 있으되 음이 없다는 뜻이다. 한 가지 더 보자. 복권을 샀다고 치자. 이는 가능성을 산 것이다. 하지만 1주일이 지난 후에 그것이 그저 가능성으로 끝나면 휴지가 된다. 복권이 돈이 되려면 음이 있어야 하는데, 그 음이 바로 '행운의 여신'이다. '여신'이라고 이름붙인 것은 '음'이라는 뜻과 같다.

자유라는 것도 법에만 있고 실제 생활에 없으면 그것은 자유가 아니다. 실생활에서 보장돼야만 자유인 것이다. 그래서 자유에도 여신이란 명칭이 붙어 있는 것이다. 온 세상에 음이 없으면 되는 일이 하나도 없다. 이는 자연의 섭리다. 양에서 시작해서 음으로 끝나는 것이 대자연의 현상인 것이다.

우주는 무한한 가능성이 있다. 하지만 역사는 하나로 정해진다. 그것이 바로 음이기 때문이다. 일해서 봉급을 받는 것도 음으로 귀결한다는 뜻이다. 열심히 일했는데 월급을 못 받으면 이는 양만 있고 음이 없는 셈이다. 임금체불이 바로 그러한 상황인데 인생이든 대자연이든 음이 있어야 궁극적으로 의미가 있다. 음이 없고 양만 있으면, 이는 좋다가 만 것일 뿐 현실에는 아무것도 남는 것이 없다.

신의 세계에서도 마찬가지다. 신이 아무리 전지전능하다 해도 그 능력을 결과물로 실현시키지 않으면 아무런 의미가 없는 것이다. 권력이란 것도 그것이 재물로 환산되지 않으면 한낱 지나가는 역사일 뿐이다. 모름지기 남는 것이 있어야 하는데, 그것이 바로 음이다. 우주가 아직 생겨나기 이전에는 많은 가능성들이 내재되어 있었다. 그러던 것이 하나의 세상으로 귀결된 것이다. 즉 양이 비로소 음으로 귀결되었다는 의미다.

신선도에서도 마음의 기운이 뱃속으로 내려와 결실을 맺을 때 비로소 불로장생의 몸이 만들어진다. 종교에서 천사가 여성으로 등장하는 것도 결국 천복을 현실로 구체화시킨다는 의

미와 같다. 그저 모든 것이 음이라고 보면 간단하다. 가정에서도 남자가 가장家長이라고는 하지만 모든 결정권을 아내(음)가 갖고 있다. 그래서 여신이 등장하는 것이다. 여신이 아니면 행운이고 나발이고 존재할 수가 없는 법이다.

그렇다면 여신이 어디에 있을까? 바로 '장소'다. 땅의 신이 바로 음의 신이고, 그것은 바로 음 자체인 땅이라는 것이다. 장소는 행운이 생겨나는 모태라고 할 수 있다. 복권을 사더라도 운이 좋은 곳에서 사야 하고, 사람이 행운을 맞이하려고 해도 좋은 장소를 찾아다녀야 한다.

어느 장소든 그곳을 담당하는 여신이 있다. 우리가 이 책에서 장소를 공부하는 이유도 바로 그 여신을 만나기 위함이다. 자신에게 필요한 장소에 가서 여신을 만나야 한다. 한 번 가서 만나주지 않으면 여러 번 찾아가야 한다.

풍수학이란 것은 여신이 출현하는 곳을 연구하는 학문이다. 여신은 《주역》의 섭리에 맞는 합당한 곳에서 출현하는 법이다. 소위 '명당'이란 곳은 여신이 특별히 관리하는 지역을 말한다. 의인화擬人化된 얘기이지만 여신은 존재한다. 여기 행운의 여신을 꼭 만나야 할 사람이 있다.

P는 경쟁에서 번번이 떨어진다. 진급도 늘 탈락이고, 기술 자격증 시험을 봐도 늘 떨어진다. 취직이 안 되는 사람도 P와

같은 사람이다. 남과의 경쟁에서 지기 때문에 취업이 안 되는 것이다. 이런 사람은 공개입찰에 나가서도 꼭 떨어진다. 경쟁에서 패배하기 때문이다. 운동선수라면 올림픽에 나가도 메달을 따지 못한다. 이런 사람들에게는 어떤 처방이 필요할까?

P는 과거에 오랜 세월 동안 고시에 도전했는데 실패했다. 수년의 시간을 허비하고 일반 직장에 취직을 했는데 진급경쟁에서 후배에게 밀려 회사를 그만두었다. 그래서 장사를 시작했는데 가게 바로 옆에 경쟁자가 나타나 망해버렸다. 실력은 있는데(과연?) 누구와 경쟁하는 상황만 되면 백전백패다. 그런데 세상이란 경쟁의 장이 아닌가! 생존도 경쟁이고, 경쟁에서 승리한 사람만이 행복을 누리는 법이다.

P는 겉으로 봐서는 멀쩡하다. 힘이 있어 보이고 잘생긴데다 실력도 있는 편이다. 그런데도 항상 남에게 뒤처진다. 어찌된 일일까? 그 원인은 여러 가지일 것이다. 하지만 너무나 많이 뒤처진 P는 그 원인을 일일이 생각할 겨를이 없다. 우선 뒤떨어진 인생을 조금이나마 만회해야 할 것이고, 그러기 위해서는 여신의 힘을 빌려야 할 것이다. 여신의 주소는 어디일까?

그것은 인터넷을 뒤져보면 나온다. '약수터', 즉 샘터인데 땅에서 물이 펄펄 나오는 곳이다. 산속이든 들판이든 상관없다. 땅에서 솟아 나와야 한다. 하긴 그래야 약수터고 샘물일 테지만…. 전국의 유명한 약수터는 인터넷에 다 나와 있다. 거기서 주소를 알아내어 찾아가보면 된다.

수풍정

샘터는《주역》의 괘상으로 수풍정水風井이라고 하는데, 이는 새로움과 경쟁에서의 승리를 의미한다. 샘터는 승리의 장소인 것이다. P 같은 사람은 그런 곳에 자주 찾아가서 그곳의 여신을 만나야 한다. 아예 그런 곳에 방이라도 얻어 놓고 오래 머물면 좋을 것이다(3개월이면 된다). 샘터에 가면 영혼이 그것을 본받아 실현하고 싶어 한다. 영혼이 하고 싶은 것은 반드시 이루어지게 되어 있다. 한눈파는 영혼을 각성시켜 한곳에 집중시켜야 한다. 샘터를 바라보고 있으면 산만했던 영혼은 각성하고 새로운 힘을 비축하게 된다. 그리하여 비로소 경쟁에서 이기는 운이 생기는 것이다.

6

아무리 아끼고 모아도
돈이 마른다면?

돈이 없어도 너무 없는 사람들이 있다. 아무리 열심히 일을 해도 어느새 돈이 마르는 것이다. 노숙자라든가 장애인이어서 돈을 벌 수 없는 사람들에 대해서는 여기서 논하지 말자. 그것은 또 다른 문제이기 때문이다. 그저 우리와 같은 보통 사람들의 돈에 대한 얘기를 해보겠다.

돈이 마르는 사람, 아무리 아끼려 해도 쓸 일이 생겨 어쩔 수 없이 늘 돈이 없는 경우다. 사람마다 다르겠지만, 운명이라고밖에 말할 수 없는 상황도 있다. 어떤 노력을 해도 도무지 돈 문제가 해결되지 않으니 말이다. 나도 그런 적이 있어서 잘 안다. 이는 분명 운명의 문제이지 노력의 문제가 아니다.

물론 게으른 사람은 자기가 일을 안 해서 돈이 없는 것이니, 이는 산술적인 문제일 뿐이다. 남들처럼 열심히 일하며 정상적으로 살고 있는데, 웬일인지 자꾸만 돈이 없어진다면 운명에 관한 문제라고 할 수 있다. 이런 말이 있다. 돈이 사람을 따라와야지 사람이 돈을 따라가서는 안 된다고. 돈이란 정말로 있을 사람에게만 간다.

없을 사람은 아무리 애를 써도 항상 제자리걸음이다. 늘 돈이 없다. 반면 돈이 있을 사람에게는 어떻게든 돈 생길 일이 자꾸만 발생한다. 이는 일을 열심히 하거나 안 하는 것과는 상관이 없다. 월급처럼 일정한 수입이 꼬박꼬박 들어오는데도 늘 돈이 없어서 긴긴 세월을 아슬아슬하게 살아가는 이유는 무엇일까? 왜 돈이 생기기가 무섭게 반드시 써야 할 일이 생길까? 왜 돈을 아껴 쓰고 저축을 해도 남는 게 없을까? 자꾸만 이런 상황이 벌어지면 화도 나고 울고 싶어지기도 한다. 하지만 어쩔 수 없는 일이다. 이런 사람은 머리를 잘 써서 돈을 많이 벌어들이는 것도 별 효과가 없다.

돈이 없어 자살하는 사람도 있는데, 그는 운명에 패배한 것뿐이다. 세상에 반드시 이겨내야 할 것을 하나만 꼽으라면 그것은 바로 운명이다. 운명은 이겨내야 한다. 고칠 수 있으니 이겨낼 수도 있다. 운명은 싸워 이겨낼 대상이지 체념의 이유가 아니다. "운명인데 어떡해!"라고 말하는 사람은 운명의 뜻조차 모르는 사람이다. 운명이란 나를 그곳으로 안내하는 길잡이라고 할 수 있는데, 중요한 것은 그 운명을 따라가는 사람이다.

무심코 지내는 사람에게는 운명이 필연적으로 다가온다. 어쩔 수 없는 상황, 꼼짝달싹 못하는 일들이 벌어신다. 하시만 운명을 극복하려고 안간힘을 쓰는 사람에게는 나쁜 운도 피해가는 법이다. 아니, 내가 나쁜 운명을 쫓아가지 않으면 된다. 정신을 똑똑히 차리라는 말이다. 극복해야겠다고 마음먹는 순간부터 운명은 차츰 고쳐지는 법이다. 항상 마음속으로 주문을 외우듯 '운명을 고쳐야지'라고 되뇌면 된다.

그렇게 정신 차리고 지내면 반드시 운명은 변하게 될 것이다. 운명을 비웃거나 무시하는 사람이야말로 운명에 쫓기기 쉽다. 운명을 믿는 그 자체가 경건하고 겸손한 마음이어서 그만큼 운명을 고칠 가능성은 커진다.

공자는 "군자는 운명을 무서워한다君子畏天命"고 했다. 이는 군자가 운명에 대해 벌벌 떨며 속수무책으로 당한다는 뜻이 아니다. 세상엔 운명이란 것도 있으니, 매사에 너무 오만해서는 안 된다는 뜻이다. 공자는 항상 운명에 대해서 조심했고, 어쩌면 그래서 뜻하는 바대로 생애를 마칠 수 있었을 것이다.

옛 격언에 "살얼음 밟듯 하라如履薄氷"는 말이 있다. 매사에 조심하라는 뜻이다. 실수를 조심하라는 뜻이 절대 아니다. 오로지 운명에 대한 조심성을 말하는 것이다. 나도 요즘 그렇게 살고 있다. 온갖 지혜를 가지고 침착하게 행동하더라도 한 가지를 빼먹으면 안 된다. 바로 운명을 경계하면서 조심조심 사는 것 말이다. 운명에 대해 겸손한 자세를 가지고 사는 사람은 운명의 위기상황에서도 대처하기가 쉽다. 항상 조심했던 것이어서 쉽게 대책이 나올 수 있기 때문이다.

다시, 돈이 너무 없는 사람 얘기로 돌아가보자. 이런 사람은 어떤 대책을 세워야 할까? 땅의 작용을 통해 조금이나마 운명을 바꾸면 돈이 마르는 고통에서 벗어날 길이 아예 없는 것은 아니다. 운명은 바늘 1개만큼만 바뀌어도 그 흐름이 바뀌는 법이다. 모르고 그저 따라만 갈 때는 온 나라의 힘으로도 운명을 바꿀 수 없지만, 일단 운명임을 의심하고 고치려 한다면 방법은 의외로 간단하다. 그게 바로 운명인 것이다.

진위뢰

돈이 항상 없어지는 사람에게는 어떤 장소가 필요할까? 먼저 《주역》의 괘상을 보자. 진위뢰震爲雷라는 괘상이 있는데 이것은 진화의 원동력으로써 돌연변이를 뜻하고 근본이 바뀐다는 뜻도 있다. 돈이 새나가는 사람에게는 꼭 필요한 괘상이다. 장소로 말하면 우선 꼽을 수 있는 곳이 건축 공사장이다.

건축 공사란 땅을 뒤흔드는 작업이므로 진위뢰에 부합한다. 거대한 물건을 생산하는 공장도 마찬가지다. 반드시 거대한 물건이어야 한다. 장난감이라든가 스타킹 같은 작고 가벼운 물건을 만드는 공장은 안 된다. 오히려 해가 될 수 있다. 돈이 날아가는 것은 운명의 가벼움 때문이라서, 바람이 많이 부는 곳, 부드러움이 많은 곳 등은 당연히 나쁘다.

공장이라면 자동차 공장, 조선소, 제철소 등이 있고, 거복을 자르는 목재 공장도 좋다. 건물 철거 현장은 아주 좋다. 군인들이 대규모로 행진하는 것도 진위뢰에 속하는 것이니 당연히 좋다. 다만 데모대의 행진은 보지 않는 것이 좋다. 이는 바람과 같은 뜻이기 때문이다. 돈이 없어지는 운명은 그 자체가 바람이므로 이를 멈추기 위한 장소가 필요하다.

땅을 깊게 파고 있는 곳, 말뚝을 박고 있는 곳 등도 해당된다. 음악도 잔잔한 것보다 웅장하고 절도 있는 것이 좋다. 부드러운 산책로는 안 좋고 꽃을 자주 바라보는 것도 안 좋다. 파티장은 가급적 가지 않아야 한다. 그곳에 가서 돈을 쓰지 말라는 것이 아니라 그런 장소 자체가 해롭다는 뜻이다. 특히 여행은 매우 안 좋다. 다만 여기저기 돌아다니는 것이 아닌 깊은 산중에 숨어 지내는 것은 나쁘지 않다. 돌을 깨부수는 채석장에 가보는 것도 아주 좋다.

7
|

선행도 악행도
이자까지 쳐서 돌려받는다

얼마 전 신문에서 한 용감한 시민에 대한 기사를 읽었다. 그 사람은 불타는 버스에 뛰어들어 승객 여러 명을 구했다. 당시 상황은 버스가 폭발하기 직전이어서 심히 위험했는데도 그 용감한 시민은 자신의 몸을 돌보지 않고 뛰어들었던 것이다. 그가 아니었으면 분명 더 많은 사람들이 목숨을 잃었을 것이다. 그리고 만약 타이밍이 조금만 늦었더라도 그 역시 죽음을 면치 못했을 것이다.

참으로 대단한 사람이 아닐 수 없다. 그런 상황이라면 폭발의 위험 때문에 오히려 버스에서 멀리 떨어져 피하는 게 일반적인 사람들의 생각이었을 것이다. 그런데도 그는 순간적으로 자신의 위험은 개의치 않고 위험에 빠진 다른 사람을 구하기 위해 뛰어들었다. 그는 분명 위험을 알았을 것이다. 그러나 다른 사람을 구하기 위해 위험을 감수했다. 결과가 좋아서 천만다행이었다.

그런데 그 용감한 사람은 그 후의 행적도 아주 남달랐다. 어느 사회단체가 그에게 상금을 주고자 했는데 극구 사양했던 것이다. 자그마치 5,000만 원이나 되는 금액이었다. 그런데 그는 자신은 할 일을 했을 뿐 보상을 기대했던 것은 아니라고 말했다. 물론 그랬을 것이다. 하지만 많은 사람들을 감동시킨 그 사건에 대해 누군가가 상을 주려고 했다면 받아도 무방할 것이다. 아니, 누구나 받지 않았을까! 그는 자기가 받을 상금을 대신 불우한 사람에게 나누어주라고 말했다. 그의 이런 용기와 선행에 대해 많은 신문들이 보도를 하려고 했는데, 그는 그런 일조차 부담스러우니 이후부터는 기자들과 인터뷰도 안 하겠다고 했단다. 그는 그런 식으로 무대에서 사라졌다. 이제 우리가 그의 선행에 대해 생각해보자.

5,000만 원이면 그 사람에게는 아주 큰돈이었다(그는 평범한 봉급생활자였다). 그런데도 이를 마다한 것이다. 신문기사를

보는 나로서는 아깝다는 생각도 들었다. 보통 사람들은 대부분 그런 반응을 보일 것이다. 당연히 받아도 부끄러울 것이 없는 돈인데 받아서 쓰면 좋으련만…. 어쨌건 그는 돈을 받지 않았다. 그 돈은 법적으로나 도덕적으로, 혹은 사회적으로 그 사람의 돈인 것이 맞다. 그런데 그는 그 돈을 가난한 사람에게 주었다. 이는 도대체 무슨 운명이었을까? 이것에 대해 꼭 얘기할 것이 있다.

그는 그 돈을 남에게 베풀었기 때문에 그 공적은 저 하늘에 남아 있다. 운명에 저축했다고나 할까. 운명은 그의 앞날에 반드시 축복을 줄 것이다. 그 돈은 영원히 그 사람의 돈인데 그것을 쓰지 않았기 때문에 하늘은 그에게 보상하지 않을 수 없다. 이것이 바로 운명인 것이다.

옛 성인이 말한 바 있다. '적선지가積善之家 필유여경必有餘慶.' 선善을 저축한 사람은 반드시 남은 경사가 있다는 뜻이다. 복이란 이렇게 해서 생기는 것이다. 도둑질을 하거나 남을 속여 조금씩 이익을 챙기며 살아가는 사람은 공돈이 생긴다고 좋아할 일이 아니다. 그런 행위는 쌓이고 쌓여 언젠가 재앙으로 돌아온다. 하늘이 그런 행위를 응징하지 않는다면 인간들은 틈만 나면 요령껏 나쁜 짓을 하면서 살아도 무방할 것이다. 하지만 세상의 이치는 그렇게 되어 있지 않다. 선행이든 악행이든 자기 몫이 차곡차곡 쌓이는 법이다. 그 용감한 시민은 남의 목

숨을 구했기 때문에 하늘은 그에게 건강과 장수로 보답할 것
이다. 또한 남에게 기꺼이 희사했던 돈은 이자까지 쳐서 환급
받게 되어 있다. 그는 분명 건강하게 오래 살 것이며 부자가
될 것이 틀림없다.

그는 자신의 선행에 대해 기억해두지도 않는다. 그러나 저
하늘의 장부에는 적혀 있다. 너무나 쉽고 당연한 얘기가 아닌
가? 이런 이치를 모를 수는 없을 것이다. 그런데도 어떤 사람
들은 나쁜 짓을 서슴없이 저지르고 자신에게 이익이 되었다고
좋아한다. 이 얼마나 어리석은 일인가! 나쁜 짓으로 몰래 이익
을 챙기고 사는 것을 다른 사람들은 모를 수 있겠지만, 하늘이
모르는 일은 없다. 그것이 하늘에 기록되면 나중에 가중처벌
도 받는다. 이것이 운명의 법칙이다.

하지만 하늘이 그토록 계산적이지는 않다. 스스로 반성한
다면 작은 잘못은 얼마든지 용서한다. 하지만 오래도록 저지
른 죄악은 천벌을 피할 수 없다. 세상 어렵게 살지 말자. 뻔한
섭리를 외면하면 안 되는 것이다. 그럼, 여기서 저절로 얻어지
는 행운에 대해서도 얘기해보자.

우주 대자연은 충분히 많은 혜택을 널리 감추어두었다. 이
는 누구든지 갖다 써도 좋은 행운이다. 사실 인간은 이미 처음
부터 행운을 가지고 태어났다. 단지 이것을 활용하지 못해 행

운의 작동이 지체될 뿐이다. 내가 좋은 일을 해서 얻은 행복은 내 것이므로 언제나 나를 위해 남아 있다. 그러나 우주에 널리 퍼져 있는 자연의 행운은 먼저 가져다 쓰는 사람이 임자다. 과연 그러한 공짜(?) 행운이 숨어 있는 장소는 어디일까?

천택리

복이 그리운 사람, 작은 행운이라도 한번 누려봤으면 하는 사람을 위한 장소가 있다. 괘상을 먼저 보자. 천택리天澤履라는 것인데 이는 하늘로부터 혜택을 받는다는 뜻이다. 하늘은 인간이 수용할 방법만 알면 얼마든지 혜택을 줄 수 있다. 그것이 바로 하늘이다. 그리고 하늘의 혜택은 인간의 행실과 장소로부터 출현한다.

천택리의 장소는 다소 파악하기 어려운 면이 있는데 여기서 그 특징을 간단히 설명해보겠다. 그 장소는 첫째 아늑하고, 둘째는 하늘이 높게 탁 트여야 한다. 이런 장소가 어디에 있을까? 숲속 한가운데 텅 빈 공간이 바로 그런 장소다. 사방이 산으로 둘러싸여 있고 그 가운데 호수가 있는 곳(백두산 천지 같은 곳), 동네 한가운데 있는 널찍한 공원, 산속의 호수, 도심 한가운데 있는 수영장(호텔에 그런 곳이 있다), 산이 병풍처럼 둘러싼 아담한 마을, 빌딩숲 한가운데의 공간 등이다. 이런 장소는 평소에 종종 가보는 것이 좋다.

요즘은 아파트 건물 내부에도 이런 식으로 꾸며놓은 곳이 있다. 이를 하늘연못이라고 하는데 이런 곳은 대체로 행운이 쌓이는 곳이다. 그런 곳을 찾기 어려우면 두 팔을 활짝 벌리고 하늘을 바라보는 것도 좋다. 자신의 몸이 바로 그런 장소가 되는 것이다.

작고 소소한 행운은 우리 몸에 비타민처럼 항상 필요하다. 큰 행운만을 기대하며 산다는 것은 대개는 무용한 짓이다. 큰 행운은 오면 오는 것이지, 이를 산설히 기다릴 필요가 없다(기다린다고 오는 것도 아니다). 하지만 자잘한 행운은 늘 기대하며 살아도 좋다. 인생이란 나쁜 일만 없어도 다행스러운 것인데, 소소한 행운이 솔솔 찾아온다면 얼마나 좋으랴! 그래서 나는 작은 행운이라도 얻기 위해 틈틈이 아늑하고 하늘이 트인 곳을 찾아다니곤 한다.

8

고독한 운명에서
벗어나는 법

한 젊은이가 있다. 그는 평범한 직장인인데 어느 날 한 노인을 만났다. 그 노인은 부자였고 교양도 있는 사람이다. 젊은이가 노인을 보면서 '저 사람은 나에게 무슨 도움을 줄까?'라고 생각할 수 있다. 하지만 부자라고 해서 돈을 나누어줄 것도 아니고 취직을 시켜줄 것도 아니다. 그리고 나이 차이가 너무 많아서 친구가 되기에도 좀 그렇다.

젊은이는 어느 모임에 나갔다가 우연히 그 노인과 마주 앉았을 뿐이다. 그 후에 거리에서 만나면 아는 척하며 가볍게 인사를 건네는 정도지 그 외에는 아무것도 아니다. 노인의 재산과 경륜, 교양 등은 젊은이에게 별 의미가 없다. 그저 인생에서 한 번 스쳐 가는 사람일 뿐이다.

젊은이는 어느 날 한 연예인을 만났다. 그는 매우 유명한 사람이었다. 하지만 젊은이는 연예인에게 별로 관심이 없었기 때문에 그와 만난 것이 큰 의미가 없었다. 물론 젊은이는 친지들에게 연예인을 봤다고 재미삼아 얘기할 수 있겠으나 그것이 무슨 대수로운 일이겠는가! 또 젊은이는 어느 국회의원을 만났다. 여럿이 함께 만나는 자리에서 본 것이다. 하지만 이 역시 별 의미가 없었다. 국회의원이면 국회의원이지 젊은이의 인생에 도움이 될 것도 없고 해가 될 것도 없는, 그저 지나가는 사람일 뿐이었다.

인간관계란 대체로 이런 모습이다. 직장동료들도 직장을 떠나는 순간 관계가 단절되고, 학교동창이나 고향친구들도 자주 만날 기회가 없는 데다 세월이 갈수록 잊힐 뿐이다. 아내와 자식은 어떨까? 아마도 이들은 평생 친밀한 관계가 유지될 것이다. 그 이외의 사람은 그저 그렇다. 인생이란 이런 식으로 살아가는 것이다. 가까운 친구가 몇 명은 있겠지만 이들도 아주 특별할 것 없다. 사람은 보통 자기 일을 챙기느라 바쁘고,

그러다보면 남을 돌볼 여유가 없기 때문이다. 그리고 나이가 들어가면 자연스럽게 인간관계도 잊히고 시시해진다. 그래서 인간은 고독한 존재인 것이다.

결국 인간은 자기 자신밖에 없다. 하지만 애써 노력한다면 인간관계가 유지될 수는 있다. 지속적으로 공을 들여야 한다는 뜻이다. 누가 먼저랄 것이 없다. 스스로를 위해서 인간관계를 만들어가야 할 뿐이다. 그 끝이 어디일지는 모른다. 살아가는 그날그날을 위해, 인간이 그저 필요하다는 것이다. 그래서 이런 말이 있다. 인간은 삶이 두려워 사회를 만들었다고….

하지만 사회가 나의 고독을 해결해주지는 못한다. 가족하고만 평생 살아가는 사람도 있지만 그도 결국은 고독에 이르게 된다. 배우자는 늙어가고 단순해져서 인간의 고독을 다 메워주지 못하는 법이다. 자식들도 성장하면 부모 곁을 떠나간다.

인간생활에 무수히 많은 괴로움이 있겠지만 고독만 한 고통은 결코 없을 것이다. 이는 죽는 그날까지 해결해야 할 문제다. 젊은 사람들이나 나이든 사람들이나, 약간의 차이는 있겠지만 고독한 삶은 그저 고독할 수밖에 없다.

그런데 평균 이상으로 고독한 사람이 있다. 그가 유달리 고독을 심하게 느껴서가 아니라 정말로 주변에 친구 해줄 사람이 없는 것이다. 이런저런 사람을 많이 알고는 있지만 그 사람들이 딱히 자신과 시간을 함께 보내주는 것도 아니다. 설사 어떤 사람과 잠깐 만났다 하더라도 서로 딴 생각을 하고 있어서 감정 소통이 되지 않는다. 그래서 고독하다. 매력이 없어서인지, 무식해서인지, 돈이 없어서인지, 쓸모가 없어서인지는 모르겠으나 사람이 따르지 않는 것이다. 이는 참으로 괴로운 일이 아닐 수 없다.

곁에 사람이 모이지 않는 사람

사람과 만나 소통하고 친구로 만드는 일은 사실 아주 어려운 일이다. 각별한 노력과 반성이 필요한 것은 물론이고, 운명의 문제도 관계된다. 운명적으로 유난히 고독한 사람이 있다. 고독한 운명인지 아닌지 모르겠다고? 그렇게 말해서는 안 된다. 그동안 살아봤지 않은가! 고독 자체를 모른다면 할 말이 없지만, 내가 고독한지 아닌지를 모를 수는 없다. 주변에 사람이 없다면 고독한 것이다. 사람이 많아도 고독하다면 이는 우울증일 수도 있으니 의사의 상담을 받아봐야 할 것이다. 여기서는 우울증으로 인한 고독감이 아닌 정상적인 사람의 고독만을 다루어보자. 유난히 사람을 모으지 못하는 사람, 아니 그 사람 곁에 사람이 모이지 않는 사람, 즉 운명이 그런 사람 말이다.

이런 사람은 어떤 장소에 가서 기운을 받아야 할까? 고독의 문제는 특히 효과가 빠르다. 장소만 잘 고르면 된다. 그곳에서 고독감을 없애줄 사람을 만난다는 뜻이 아니라 그런 곳에 가면 운명이 쉽게 바뀔 수 있다는 뜻이다. 물론 이것은 남녀 간의 연애 문제가 아니다. 애인이 없는 것과 주위에 마음 터놓고 지낼 가까운 사람이 없다는 것은 엄연히 다른 문제다. 여기서는 그냥 친구가 없는 고독을 의미한다.

물론 친구가 없어도 고독을 느끼지 못하는 사람도 있고, '나는 가족만 있으면 된다'고 생각하는 사람도 있을 것이다. 이런 사람은 논의대상에서 제외시키겠다. 현재 자신이 고독하고, 고독한 게 싫어서 그것을 고치려 하는데도 잘 안 되는 사람에게 내리는 처방이라는 것을 확실히 해두자는 얘기다.

그 전에 먼저 고독이 무엇인지를 잠깐 살펴볼 필요가 있다. 영혼이 머무는 내면이 너무 허술한 경우 사람은 고독해진다. 이럴 때는 주위에 사람이 오지 않고, 있던 사람도 멀어져간다. 그 사람하고 있으면 왠지 재미가 없기 때문에 주위 사람들이 떠나가는 것이다. 이런 영혼의 상태를 고치기 위해 찾아가 봐야 할 장소는 어디일까? 영혼은 장소의 기운을 닮아가는 성질이 있기 때문에 적절한 장소를 선택하면 운명을 고칠 수 있다.

고독한 영혼의 내적 허술함을 고치는 장소는 《주역》의 괘상으로 산화비山火賁라고 부른다. 이것은 '아름답게 잘 짜여 있

산화비

다'는 뜻으로, 필요한 것을 잘 갖추었다는 의미다. 또한 중요하고 실질적인 것이 잘 보호되고 있다는 뜻도 있다. 그렇다면 이런 장소는 어디일까? 우선 떠오르는 곳은 텐트 속이다. 좁은 공간이지만 답답하지 않고 보호받는 느낌을 받는다. 방하고는 다른 느낌이 든다. 텐트 속에 들어가면 잠이 잘 오는데, 부드러운 재질의 천막이 하늘을 덮어주기 때문에 편안한 기분이 드는 것이다. 만약 텐트와 비슷한 크기의 공간을 벽돌로 만들어놓았다면 어떨까? 그 안에 들어가면 아늑하고 보호받는 느낌이 아니라 답답하고 꽉 막힌 느낌이 들 것이다. 텐트는 천장이 부드러운 재질이어서 갇혀 있는 느낌이 들지 않는다.

요즘은 실내용 텐트도 있어서 방 안에 치고 그 안에서 자면 유난히 잠이 잘 온다. 나는 가끔 그런 식으로 수면을 취하는데, 숙면을 위해서라면 이만한 장소가 없다. 그런데 이런 곳은 숙면을 도와주는 것뿐만 아니라 운명도 고쳐준다. 바로 고독을 사라지게 하는 것이다. 사람이 따르지 않아서 고민인 사람은 실내용 텐트를 치고 그 속에 있어 보라고 강력히 추천하고 싶다. 텐트와 비슷한 기운을 주는 장소로 '포장마차'도 있다. 종종 포장마차에서 술을 마시는 것도 좋다. 고독한 운명을 바꾸는 데 도움이 될 것이다.

잘 만들어진 조각상을 보는 것도 같은 뜻이 있는데, 특히 여인의 나체상이면 효과가 더욱 크다. 아예 그런 조각상을 하나 사서 집에 두고 매일 보며 지내면 고독한 운명을 퇴치할 수 있다. 그런 조각상이 어째서 그런 힘을 발휘하는지는 자세히 밝힐 수 없다. 《주역》의 깊은 개념이기 때문이다. 단지 여인의 나체 조각상은 '산화비'라는 괘상을 의미한다는 것만 알아두면 된다.

그런 조각상을 구입할 형편이 못되면 그림만 봐도 효과가 있다. 인사동 거리에 가면 여인의 나체가 그려진 명화 액자를 쉽게 찾아볼 수 있다. 그 그림을 걸어놓고 성적으로 즐기라는 것이 아니다. 그 조형적인 아름다움을 감상하라는 뜻이다. 그것은 잘 짜인 아름다움이다. 고독한 영혼은 바로 그런 잘 짜인 아름다움이 부족해서 고독한 것이다.

텐트 속은 나 자신을 꼭꼭 눌러주기 때문에(답답하지는 않게) 이 또한 잘 짜인 것이다. 어려운 개념이므로 이해할 필요는 없다. 단지 그런 장소, 조각, 그림 등을 가까이에 두고 음미하면 영혼이 알아서 고독한 운명에서 탈출시켜 줄 것이다.

9

부모의 운과 자식의 운이 교차한다면

우리나라에서는 만 19세 미만인 사람을 미성년자라고 부른다. 법으로 그렇게 되어 있는데 이들에게는 투표권도 없고, 술이나 담배도 마음대로 살 수가 없다. 영화를 볼 때도 '미성년자 관람불가' 등급의 영화는 볼 수 없다. 이들은 사람이기는 하지만 아직 행동의 자유가 완전히 주어져 있지 않은 것이다. 법적으로나 사회적으로나 어째서 이들에게 각종 제한을 줄까? 그것은 그들이 아직 사람이 갖추어야 할 여러 가지 조건을 갖추지 못했기 때문이라고 한다.

그런데 어른의 조건이 도대체 무엇일까? 이것을 사회적인 측면으로 얘기하자면 끝이 없다. 어른의 조건이란 너무나 많기 때문이다. 게다가 어른이라 해도 그 조건을 다 갖춘 사람은 극히 드물다. 만 19세 미만이 미성년이라는 것은 법적인 기준일 뿐이다. 물론 그런 것이 필요하기는 할 것이다. 그리고 '19세'로 규정한 것도 아마 전문가들의 견해가 반영되어 그렇게 되었을 것이다.

몇 살부터 성년으로 정하든 유감을 가질 필요는 없다. 기실 미성년자의 기준은 나라마다 조금씩 다르다. 이 문제에 대해서 좀 더 합리적으로 이해하기 위해 '영혼의 성숙도'라는 측면을 살펴보자. 우리 몸은 육체의 생리현상과 거기 깃든 영혼 사이의 공동작업으로 운영된다. 그런데 몸은 본능이란 것이 있어서 본능대로만 살면 사회성이 부족해질 수 있다. 그래서 영혼의 관여가 절대 필요한 것이다. 소위 말하는 인격이나 교육 같은 것이 영혼의 관여다. 영혼은 태어나는 순간 우리 몸과 하나가 되어 존재하는데, 긴긴 세월 동안 본능과 절충하고 타협하면서 지내왔다. 그러다가 19세 정도가 되면 영혼이 육체에 대한 통제력을 행사할 수 있게 된다.

사람마다 조금씩 다를 수는 있겠지만 대체로 그 나이 정도에 자기통제력(실은 영혼의 통제력)이 생긴다. 조숙한 아이들은

13세 전후에 이미 어른들과 같은 수준의 영혼통제력을 가지고 있다고 한다. 나는 현장에서 일하고 있는 교육자들에게 그런 이야기를 많이 듣는데, 그들이 경험한 바에 의하면 초등학교 4~5학년 정도면 더 이상 인성에 대해서는 가르칠 게 없다고 한다. 아이들이 그 정도 나이만 되어도 생리나 본능에 대해 어른과 비슷한 통제력을 가진다는 것이다. 나 역시 과연 그럴 것이라고 생각한다. 영혼이란 본시 나이가 없고(영원한 존재니까) 육체에 깃들어 그것을 통제하는 시간이 필요할 뿐이다. 마치 야생마를 길들이듯이 자기 몸을 길들일 시간이 필요한 것이다.

생각해보자. 여기 한 영혼이 있다. 아직 어린 몸에 깃들어 있는데 그에게 부모가 있다. 부모는 그 아이를 끔찍이 사랑해서 늘 조바심을 갖고 잘못될까 봐 전전긍긍한다. 그런데 아이가 잘못되면 부모는 '자식운'이 없다고 말한다. 맞는 말이다. 자식이 잘못되거나 잘된다면 그것은 바로 '자식운'이라고 말할 수 있는 법이다.

실제로 그렇다! 자식운이 나쁜 사람(부모)은 그의 자식이 잘못된다. 이는 자식의 영혼이 부모의 영혼과 밀접한 관계를 유지하고 있기 때문이다. '일심동체'라는 말처럼 관계가 아주 밀접하다. 그 실체는 바로 영혼에 있다. 하지만 자식에게는 스스로의 운명이 있지 않은가? 그렇다. 자식에게도 스스로의 운이 있다. 그렇다면 이는 상당히 이상한 것 아닌가? 한 아이에게 두 가지 운명이 있다고 하니 말이다.

그러나 이상하게 생각할 것이 없다. 운명이 교차하고 있다고 생각하면 된다. 아이 입장에서 부모가 잘못되면 '부모운'이 없다고 말할 수 있다. 이렇듯 운명은 서로 교차하는 것이고, 교차하는 운명은 공동의 운명이라는 의미다. 물론 1차적으로는 나의 운명이 더 큰 영향력을 가질 것이고, 2차적으로 교차운이 작용하는 것이다.

교차운은 부모자식 간에만 있는 것이 아니고 친구 사이에도 존재할 수 있다. 또한 민족 간에도 존재할 수 있다. 그래서 나 하나 잘되느냐 못되느냐도 다른 사람에게 영향을 주는 법이고, 특히 부모자식 간에는 그것이 아주 강하다. 이때는 자식의 운이 바로 부모의 운이라고 할 수 있다. 나의 운이 좋다면 그것은 내 자식까지 운이 좋다는 뜻이다. 물론 자식의 운이 좋으면 그것은 자신의 운명이 좋다는 뜻도 된다.

어떤 사람들은 오로지 자식만 잘되기를 바라는데, 그것은 자기가 잘되는 것과 크게 다르지 않다. 사람은 혼자 사는 존재가 아니다. 그렇기 때문에 내 몸조차 내 것이라고 마음대로 사용할 수는 없는 법이다. 부모가 있고 자식이 있고 배우자가 있지 않은가! 여기서 우리는 가족운이라는 개념을 이끌어낼 수 있는데, 이것은 인생에 매우 중대한 조건이 아닐 수 없다.

나는 잘나가고 있는데 배우자나 자식 또는 부모에게 우환이 생긴다면 이것 또한 나의 불행이 아니고 무엇이랴! 사람은 태어나는 순간 공동 운명체의 일부인 것이다. 이제 가족운에 대해 알아보자. 어느 장소의 기운을 받아야 가족운을 좋게 만들 수 있는가?

택뢰수

괘상을 보자. 택뢰수澤雷隨라는 것이 있는데 이는 한 울타리 안에서 살아가고 있다는 뜻이다. 가족이 바로 이렇게 존재한다. 이런 괘상의 뜻을 가진 장소에 가서 그 기운을 받는다면 가족운이 좋아지는 것은 당연하다. 아예 가족과 함께 그런 곳에 자주 가면 효과는 더 좋다. 어디로 갈까?

스포츠 경기장에서 선수들이 현재 뛰고 있으면 그곳이 바로 택뢰수의 장소다. 가족과 함께 경기장에 가보면 효과만점일 것이다(TV 중계는 그런 효과가 거의 없다). 다른 곳을 보자. 꽃나무가 심어져 있는 화분을 보면 영혼은 거기서 기운을 받는다. 그릇가게에 가서 그릇이 많이 쌓여 있는 것을 보면 좋다. 많이 쌓여 있을수록 좋다.

연못 속에 물고기들이 노는 것을 봐도 좋다. 실내에 많은 사람이 모여 있는 것도 같은 뜻이다. 특히 공부하고 있는 교실을 보는 것은 아주 좋다. 극장에 가는 것도 좋은데 가족과 함께 다니면 효과가 더욱 좋다. 함께 고궁 안을 거닐거나, 노래

방에 가거나(음악 공연장이 아니다), 텐트 속에 들어가 있는 것도 좋다. 여행지에서는 가급적 큰 장소에 묵는 것이 가족운을 좋게 만드는 요령이다. 또한 가족여행을 할 때 가급적이면 버스나 자가용보다는 기차를 타는 것이 좋다. 혼자 여행을 다니는 것은 자기 자신에게는 도움이 될 수 있겠지만 가족운과는 상관없다. 그래도 여행지에서 가족운을 만들고자 한다면 연못가를 거닐면 좋다.

바다는 연못이 아니고 벌판에 해당되므로 가족운과는 별로 상관이 없다. 가마솥이나 새둥지, 논에 벼를 심어놓은 것을 보거나, 목욕탕 욕조에 오래 앉아 있는 것, 집 안에 열대어를 키우는 것, 큰 식당의 주방을 들여다보거나 거기 들어가 보는 것도 좋다. 아이를 안고 다니거나 유모차를 끌고 다니는 것을 보는 것도 좋다(개를 끌어안고 다니는 것은 완전히 다른 개념이다). 우산을 함께 쓰고 다니는 것을 보거나 직접 해보는 것도 좋다.

바닷가 해녀들이 일하는 것을 보면 좋다(바다가 아니라 해녀가 일하는 곳을 보는 것이다). 수영장에 사람이 모여 있는 것을 보거나 직접 들어가면 좋은데, 탁 트여 있는 해수욕장 같은 데가 아니라 수영장이어야 한다. 새로 지은 집 안에 있는 것도 좋다. 구경만 해도 괜찮다. 동창회나 친목모임 장소에 가서 구경하면 좋다. 자신이 참여하는 모임이 아니라도 상관없다(계모임은 안 된다). 집 안에 혼자 오래 틀어박혀 있으면 최고다.

10

뭘 해도 재미없고
무기력하다면

인간은 왜 사는가? 이 문제는 심오한 철학적 문제이기는 하지만 의외로 간단히 대답할 수도 있다. 그저 '행복해지려고'라고 하면 될 것이다. 물론 수도자나 철학자, 성직자 등은 다르게 말할 수도 있다. 득도라든가, 신앙의 완성, 우주의 가치와 부합하기 등과 같은 특별한 목표가 있을 것이다. 어쩌면 그런 목표들이 그들에게는 '행복'일지도 모른다.

그렇다면 행복은 또 무엇일까? 혹은 무엇이어야 할까? 그러나 어렵게 생각할 것 없다. 어떤 행복을 선택하느냐는 각자에게 맡기면 될 문제다. 여기서는 그저 포괄적으로 행복이라고 말할 뿐이다.

어떤 사람은 행복이라는 단어조차 번거롭다고 생각한다. 삶이란 처음부터 우리가 선택한 것도 아니지 않은가? 행복하든 그렇지 않든, 살아가야 한다. 이는 '삶의 목적은 삶'이라고 말하는 것과 같다. 참으로 그럴듯한 대답이 아닐 수 없다. 왜냐하면 삶이란 평생토록 지향해야 할 원대한 목표도 있겠지만, 그날그날을 살아내는 것이 우선 중요하기 때문이다.

여기서 논하고자 하는 것이 바로 그것이다. 그날그날을 살아가는 것 자체에 대해서 말이다. 이왕이면 인생이 매순간 행복했으면 좋겠다. 위대한 도인이거나 성직자라고 하더라도 다르지 않을 것이다. 이왕이면 다홍치마라고 하지 않았나! 삶의 목표는 저마다 다를 수 있다. 어쩌면 삶의 목표라는 것 자체를 생각하지 않는 사람도 있다. 하지만 행복은 누구나 원한다.

스피노자의 철학이 바로 이것이다. 인생은 꿈이어서 그것에서 깨어나는 것이 목표인 것은 맞지만 이왕이면 행복하게 사는 게 더 좋을 것이다. 스피노자는 행복하면 그냥 받아들이고 행복하지 않을 때는 이것이 꿈이라고 여기고 받아들이지 않은 것이다. 그래서 그는 매일매일 행복하게 살아갔을 것이다. 그렇다고 해서 원대한 인생의 목표를 향해 가는 데 게을리

해도 된다는 뜻이 아니다. 행복은 삶의 원동력으로써 중요할 뿐이다. 행복하지 않아도 있는 힘을 다해서 살아야 하는 것은 맞다. 그러나 있는 힘을 다해서 행복하게 산다면 더욱 좋지 않겠는가!

이 문제를 실제 사례를 들어 조금 더 얘기해보겠다. Y라는 사람이 있다. Y는 평범한 직장인으로 무탈하게 살아가고 있다. 아내도 있고 자식도 있다. 직장에서는 아무 문제가 없고 건강에도 문제가 없다. 이 사람은 자식을 기르고 부모에게 효도하며 열심히 살아가고 있다. 친구관계도 원만하고 아내도 사랑한다. 미래도 충분히 대비하고 있어 앞으로도 탄탄한 인생길을 걸을 것이다. 그런데 한 가지 문제가 있다. 인생이 아무런 재미가 없다는 것이다.

우울증은 아닌데 Y는 그저 사는 게 재미없다고 한다. 나는 Y를 직접 만나봤는데 모든 것이 모범적인 사람이었다. 단지 삶에 재미를 못 느끼는 것만 문제였다. 남들에게도 가족에게도 더할 나위 없이 충실한 사람인데 말이다. 이 사람은 스스로에 대해 행복하지 않다고 말한다. 물론 그렇다고 해서 삶을 불성실하게 내팽개치겠다는 것은 아니었다. 그는 사고 한 번 없이 잘 지내고 있다. 어째서 그는 행복하지 않다고 할까?

많은 이유가 있을 것이다. 그러나 여기서 그것을 일일이 따져볼 수는 없다. 다만 그런 사람이 세상에 많다는 것이다. 삶에 재미를 못 느낀다는 것! 이는 상당히 괴로운 일이다. 로봇처럼 살아가는 것과 무엇이 다르겠는가! 나는 애써 행복을 느끼려고 노력한다. 대부분이 그렇겠지만, 살면서 저절로 행복해지는 일은 거의 없는 게 정상이다. 어떤 시인도 이렇게 말했다. 행복은 저 너머 그리고 또 저 너머에 있다고….

방금 이야기한 Y도 이런 얘기를 했다. 그렇다면 행복이란 어디에도 없는 것 아니냐고 말이다. 어쨌건 그는 행복하지 않거나 행복을 못 느끼는 상태다. 이것은 의학적인 문제로만 볼 수도 없다. 어쩌면 Y는 말 못할 불만이 있을지도 모르겠다. 어쩌면 행복한 마음을 가지면 안 된다고 생각할 수도 있다.

이는 특별한 대책이 없다. 단순하게 말하면 운명일 뿐이다. 갖출 것은 그런대로 다 갖추었지만 행복하지 않은 사람. 이런 사람에게는 미래에 다가올 희망이나 보람을 얘기해주어도 소용없다. 그에게 필요한 것은 그저 현재의 행복이다.

나는 Y에게 물어봤다. 행복하기를 바라기는 하느냐고…. 그는 그렇다고 대답했다. 만일 "모르겠다"고 대답했다면 이는 우울증이므로 의사의 도움을 받아야 한다. 하지만 Y는 그런 사람은 아니었다. 그는 정상적인 사람이고, 남들이 느끼는 정도의 행복을 원할 뿐이었다.

현재도 행복하지만 더 행복하기를 바라는 사람도 있고, 더 이상의 행복이 필요 없다는 사람도 있다. 후자는 행복이 이대로 영원히 계속되기를 바라는 것이다. 아무튼 좋다. 행복에 대한 욕구는 저마다 다르다. 무엇이 행복이냐고 지금 따질 필요는 없다. 그것은 각자 생각해보기 바란다. 아니, 이것은 생각의 문제가 아니라 느낌의 문제다. 생각이든 느낌이든, 행복은 그저 행복이다. 다만 이것을 어떻게 찾느냐가 문제다.

태위택

《주역》에서는 행복을 태위택兌爲澤이라고 말한다. 이 괘상은 행복이라는 것이 무엇인지를 밝히고 있으나, 여기서 그것까지 얘기할 수는 없다. 다만 태위택에 해당하는 장소에 가면 사람은 행복해진다는 것만 유의하면 된다. 그 장소는 어디일까?

우선 연못가가 그런 곳이다. 그런데 그 연못이 너무 커서는 안 된다. 아담한 크기이어야 한다. 그래서 바닷가는 당장 행복이 필요한 사람이 갈 곳은 아니다(바다 역시 모양은 큰 연못이지만). 자그마한 꽃밭이나 나무 몇 그루만 있는 잔디밭도 좋다. 이런 곳도 규모가 작아야 한다. 자그마한 밥상에 올린 차 한 잔, 자그마한 커피숍도 같은 뜻이다. 자그마한 곳이지만 좁은 곳은 아니다. 똑같은 곳에 들어가도 아늑한 느낌이 들면 자그마한 곳이고, 답답한 느낌이 들면 좁은 곳이다. 탁자도 자그마한 것이 좋다. 흐르는 물이 아닌 물웅덩이를 봐도 좋다.

항아리가 많이 모여 있는 곳도 좋은데, 작은 항아리가 모여 있는 곳이 더 좋다. 작은 그릇도 마찬가지다. 접시는 안 좋고 광장도 안 좋다. 군중이 모인 곳에 자주 다니면 행복 불감증이 심해진다. 그래서 한가한 전통시장처럼 사람이 적은 장소가 좋다. 시장에 가보려면 번거로운 시간을 피해서 가야 한다. 유치원 실내와 노래방도 좋고(노래를 부르지 않아도 된다), 분수를 구경하는 것도 매우 좋다.

11

행복한 부부를
한 번 더 묶어주는 기운

결혼하고 나서 처음 부부싸움을 하게 되면 몹시 화가 나고 큰 충격을 받는다. 상대방에게 실망해서 화가 나고, 사랑하는 사람과 서로 공격하며 싸웠다는 사실에 충격을 받는 것이다. 그러나 부부싸움은 별것이 아니다. 평생을 그렇게 싸우며 살아가야 하는 것이므로…. 그런데 실은 부부싸움에는 이유가 없다. 그저 때가 되면 싸우게 되는 것뿐이다. 진짜로 이유가 없다.

결혼 초보자(?)들은 부부싸움에 무슨 심각한 이유가 있는 것처럼 생각하는데, 절대로 그게 아니다. 부부싸움은 남녀가 아주 가까이 함께 살기 때문인데(다른 이유는 없다), 이는 의학적으로나 운명적으로 그렇게 하지 않을 수 없어서 일어나는 자연현상이다. 게다가 부부싸움이 일어나는 것은 대자연의 섭리라서, 하늘이 싸우도록 시키는 것이라고 볼 수도 있다.

내가 이런 이야기를 하면 열에 아홉은 "뭐라고요? 하늘이 싸움을 시킨다고요?" 하며 믿을 수 없다는 표정이다. 하지만 사실이다. 왜 이것이 사실인지에 대해 이야기해보겠다. 만약 부부싸움이 없다면 어떻게 될까? 그렇게 되면 두 사람은 늘 아주 가깝고 행복할 것이다. 이는 좋은 현상이 아닌가! 아니다. 절대로 좋은 현상이 아니다. 부부싸움이 없으면 두 사람은 언제나 딱 달라붙어 있기 때문에 다른 일을 할 겨를이 없다. 사람은 행복하면 게을러지는 법이다. 부부싸움이 없으면 가정은 발전이 없다.

그래서 하늘은 부부를 적당히 가깝게 해놓고 종종 싸우게 만든다. 너무 가깝고 행복하면 운명도 나빠지는 법이다. 음과 양이 완전히 합쳐지면 서로 기운이 탕진되고 모든 것이 소멸한다. 발전할 기운이 남아 있지 않기 때문이다.

부부는 적당히 싸워야 하고 싸우게 되어 있는데, 이로써 결혼생활은 매번 새로워진다. 그저 싸우면서 발전하는 게 부부생활이라고 보면 된다. 남녀는 원래 생각하는 방식이 너무 다르기 때문에 그 사이에 질서가 잡히려면 시간이 오래 걸리는 법이다. 200년을 함께 살아도 서로 타협이 안 되는 게 정상이다. 1,000년을 살아도 마찬가지다.

심지어 신도 부부싸움을 한다. 신 중의 신인 제우스는 부인인 헤라와 늘 싸우며 지냈다. 음양의 섭리가 그런 것이기 때문이다. 《주역》에서는 2라는 숫자를 아예 싸움으로 해석하고 있다. 1이라는 숫자는 고독의 숫자다. 1이 고독을 면하기 위해 결혼을 했지만, 2가 되면서 자연히 싸움도 따라온다고 보면 된다.

하지만 이는 해로운 것이 아니다. 싸움을 하면 반드시 새로운 사랑이 싹트기 때문이다. 새로움! 이것이 가장 중요하다. 새로움이 없으면 상대방에게 싫증도 나고, 뭔가 열심히 하고 싶지도 않다. 부부싸움이 주는 긍정적인 효과는 하루 종일 얘기해도 다 말할 수 없을 정도다. 부부싸움은 그저 화해하고 일상으로 돌아가면 그만이다. 심각하게 생각할 필요가 없다. 오히려 부부싸움이 너무 없으면 이는 어느 한쪽이 바람을 피우고 있다는 징후일 수도 있다. 특히 자주 싸우던 부부가 어느 날부터 싸움이 뚝 그쳤다면, 누군가가 바람을 피우는 것이 틀림없다. 바람피우는 사람은 집에 들어와서 절대로 싸우지 않는다. 찔리는 게 있으니 오히려 더 잘해주고 조심하는 법이다. 그러니 적당히 싸우는 것은 가정의 활력소라고 생각하면 된다.

한편, 싸움이 무관심과 냉담으로 바뀌면 진짜 문제가 발생한다. 이혼으로 이어질 수도 있고, 집안에 우환이 생기거나 남편이 직장을 잃을 수도 있다. 부부싸움은 후다닥 해치우는 것이 좋지 후유증이 오래가면 위험하다. 부부싸움의 후유증이란, 상대방과 싸울 필요조차 없으니 말을 안 하고 지내는 것이다. 이는 조용한 가운데 파탄이 진행되는 경우다.

이혼할 생각이 없는 한 가정이 이렇게 되기를 바라는 사람은 없을 것이다. 대부분의 사람들은 가정이 화목해지기를 바란다. 화목하다는 것은, 싸움이 없다는 뜻이 아니다. 싸우더라도 별 탈 없이 잘 넘어간다는 뜻이다. 그리하여 가정이 길게 길게 이어져야 한다. 그러나 이 또한 운명이라 상대방을 아무리 사랑한다 해도, 이상하게 자주 싸우고 관계가 냉랭해지는 경우도 있다. 이는 무서운 일이다. 싸움은 그 자리에서 끝내고, 뒤끝이 없어야 하는데….

부부가 화목한 것은 누구나 바라는 행복의 요소인데, 이것 또한 운명과 관련이 있다. 그래서 이것을 튼튼히 하는 작업(?)이 절대적으로 필요하다. 평소에 좋은 곳에 다니면서 좋은 기운을 받아둬야 하는 것이다. 가정의 화목은 어떤 장소의 기운을 받아서 지킬 것인가? 문제를 다시 분명히 해보자. 부부싸움은 안 하려고 아무리 노력해도 하게 되어 있으니, 싸우지 않는 운명이 아니라 싸우더라도 위기를 잘 극복하고 빨리 화해하는 운명이 필요할 뿐이다. 결론적으로 부부가 끝까지 가는 운명, 냉전이 없는 가정의 운명, 이로써 자식들까지 행복한 운명, 이런 운명을 만들고 싶은 것이다.

풍산점

　먼저 《주역》의 괘상을 보자. 풍산점風山漸이란 괘상에는 모여 있는 것을 한 번 더 묶는다는 뜻이 있다. 상자를 가지런히 쌓고 그것을 다시 한 번 묶어 흩어지지 못하게 한다는 의미다. 가정을 튼튼히 보호한다는 것과 같다. 가정이란 남녀가 모인 곳인데 이는 언제든지 깨질 수 있다. 이에 대해 각별히 안전장치를 만든다는 것이다.

　결혼식을 거행하는 것도 그런 의미가 있다. 이미 서로 사랑하지만 남들이 보는 앞에서 형식을 갖춤으로써 서로의 사랑을 다시 한 번 묶는다는 뜻이다. 가정이란 단단할 때는 바윗덩이 같지만 한 번 무너지면 썩은 나무처럼 속절없이 무너진다. 부부는 항상 싸우면서 존재하니 더욱더 신경을 써야 한다.

　부부를 '한 번 더 묶어주는' 힘을 주는 장소는 어디일까? 산에 나무가 빽빽이 들어서 있는 것을 보면 되는데, 숲속에 들어가서 보는 게 아니라 반드시 밖에서 봐야 한다. 잘 꾸며져 있는 옥상을 보는 것도 좋다. 꽃이나 나무로 정원을 꾸며놓은 곳 말이다. 건물에 페인트를 잘 칠해놓은 것을 보는 것도 좋은데 그저 한 가지 색깔로 칠해져 있어야 한다(그림이 있는 것은 나쁘다).

미장원에서 머리를 가다듬고 있는 것을 보면 좋다. 이발이 아니라 여자들의 파마 같은 것을 말한다. 물건을 쌓아놓고 그것을 덮개로 잘 덮어놓은 것(이삿짐 차량의 덮개), 잘 포장된 선물꾸러미가 쌓여 있는 것, 코트를 입고 다니는 사람들, 집단으로 모여 대기하고 있는 병력(경찰)도 좋다. 대기하고 있는 경찰들은 광화문 근처에 많다. 똑같은 유니폼을 입은 집단을 보면 좋은데 반드시 실외에 있어야 한다. 왕릉에 잔디가 덮여 있는 것을 보면 아주 좋다. 큰 무덤이 잘 가꾸어져 있는 것도 마찬가지다. 비닐하우스도 좋은데 그 속에 현재 채소가 자라고 있어야 한다. 건물에 달아놓은 깃발도 보면 좋다.

위와 같은 장소에 가면 영혼은 가정을 보호하는 운을 만들어낸다. 현재 화목한 가정이라도 이런 장소에 많이 다녀보고 기운을 얻어두는 것이 좋을 것이다. 더 튼튼하고 화목한 가정을 위해서 말이다.

12

|

풍파에서 벗어나
안정된 기운을 얻으려면

나는 얼마 전 도심의 한 지하철 통로에서 특별한 노숙자를 한 명 보았다. 추운 계절이 되면 지하도에 으레 노숙자들이 모여드는 것이 오늘날 도시의 현실이다. 나는 오랜 세월 동안 노숙자들을 봐 왔지만 그 앞을 지나칠 때 일부러 그들을 쳐다보지 않는다. 그런데 그날따라 한 노숙자가 특별히 눈에 띄는 것이었다.

나는 그를 한참 동안 관찰했고 그 사람도 나를 쳐다보기에 그 자리를 떠났다. 그는 아주 좋은 자리를 차지하고 있었고 바닥에는 거적때기가 아닌 정식(?) 이불을 깔고 있었다. 이불도 깨끗한 편이었고 옷차림도 깨끗했다. 그는 그 위에서 책을 읽고 있었는데 아주 진지한 자세였다. 그는 진짜로 책에 몰두하고 있었던 것이다.

그의 얼굴은 궁색한 기운이 없었고 자세가 의젓했다. 게다가 표정을 보니, 책을 꾸준히 많이 읽었던 사람 같았다. 나는 그가 앉은 장소나 이불, 그의 얼굴과 책 읽는 자세 등을 세심히 관찰했는데, 그는 무엇인가 자기만의 내면 세계가 있는 사람이 분명했다.

나를 쳐다보는 눈빛도 당당했는데, 그 순간 그의 표정에서 알 수 있었던 것은 '책 읽는 사람을 왜 방해하느냐'였다. 나는 황급히 떠났고 그는 다시 책에 몰두했다. 나는 다시 돌아서서 한참을 바라보았다. 다행히 그는 책에 몰두하고 있었기 때문에 나는 그에 대해 많은 것을 관찰할 수 있었다.

그는 왜 이곳에 있는가? 돈이 없어서일 것이다. 돈이 아예 없는 것은 아닌 것 같고, 단지 그 돈을 쓰기 싫어할 수도 있었다. 그는 아침에는 필경 어딘가에 가서 무슨 일이든 하는 사람일 것이다. 여느 노숙자들처럼 모든 것을 팽개친 사람은 아닐 것이라는 뜻이다. 그는 운명이 제자리를 찾지 못해 현재 이곳에 와 있는 것이 분명해 보였다.

그는 머지않아 이곳을 떠날 것이다. 어쩌면 좀 더 시간을 끌 수는 있겠지만 결국은 제자리를 찾아갈 것이다. 나의 판단에는 그만한 이유가 있었다. 첫째, 그는 지하도 안에서 가장 알맞은(?) 장소를 차지하고 있었다. 그가 앉은 자리 바로 옆에 나무로 된 큰 상자가 놓여 있었는데 지하도 내에 필요한 장비를 보관하는 상자였다. 그 상자는 크고 단단했다.

산뢰이

이런 곳에 있는 그 사람의 형상은《주역》에서 말하는 산뢰이山雷頤다. 이 괘상은 새가 안정된 자리에서 기운을 얻는다는 뜻이 있다. 또한 보이지 않는 가운데 크게 성장한다는 뜻도 있다. 그는 그런 곳에 있었던 것이다. 그런 곳에 있으면 장소의 기운을 얻어 운명이 변하게 되어 있다. 갈 길을 잃은 사람, 현재가 무작정 싫은 사람, 제대로 된 운명을 찾고 싶은 사람이라면, 커다란 물체 근방에 있는 것이 운명을 개선하는 좋은 방법이 된다.

물고기들은 바위 옆이나 가라앉은 배 근처에 모여 산다. 물고기에게도 운명이 있다면 아마도 그로써 개선될 것이다. 사람은 운명이 있는 것이 확실하므로 그렇게 하면 좋다. 이 노숙자는 지하도 안에서도 그런 곳을 차지하고 있었다. 게다가 이불을 두툼하게 깔아놓았는데 이것 역시 아주 훌륭하다.

옛 교훈에 "머무는 곳을 편안하게 해야 한다"는 말이 있다.

지금 나에게
필요한 기운은
어디에 있나?

수택절

노숙의 거리에서 이불을 깔아놓고 그 위에 앉아 있는 것은 운명을 통제하기에 유리한 상황을 만들어줄 것이다. 이를 수택절水澤節이라는 괘상으로 표현하는데 편안한 곳에 앉아서 때를 기다린다는 뜻이다. 운명이 마땅치 않은 사람은 어딜 가더라도 좌석을 편안히 해야 한다.

집 안에서도 이불을 깔아놓고 그 위에서 책을 보거나, 신문을 보거나, TV를 보면 이는 상당히 좋은 의미가 있다(보기가 흉할까? 그렇지 않다). 내 집 안에서 이불만 펴면 되니까 때를 골라 그런 자세를 취하면 된다. 앞에서 말한 그 노숙자는 비록 거리이지만 그런 자세를 취하고 있었다. 그것은 마치 물이 연못 안에 정착하고 있는 것과 같은 모습이다(뜻도 같다).

그 노숙자에 대해 한 가지만 더 살펴보자. 그는 책을 읽고 있었다. 노숙자 처지에 가당치 않은 일 같아 보이는가? 사실 노숙자에게 그보다 더 좋은 자세는 세상에 없다. 책을 읽는다는 것은 편치 않은 세월을 보내고 있음에도, 자기 향상을 위해 스스로 노력한다는 뜻이다. 또한 현실을 날려버린다는 뜻도 있다.

그 외에 한 가지 큰 뜻이 더 있다. 책이 있는 곳을 《주역》에서는 산천대축山川大畜이라고 하는데, 이는 기운을 많이 축적한다는 뜻이다. 거리의 책 한 권은 도서관의 1,000권보다 더 큰

산천대축

의미가 있다. 운명의 기력이 빠진 사람은 책의 기운을 받을 필요가 있다. 책방을 찾아 그 안을 거닌다거나(사지 않아도 좋다) 도서관에 가서 오래 앉아 있으면 큰 힘을 얻을 수 있다.

지금 이 노숙자는 3가지가 모인 장소(크고 튼튼한 장비함, 두꺼운 이불, 책)에서 시간을 보내고 있다. 그는 조만간 지금의 처지에서 벗어나 좋은 운명의 세계로 갈 것이 틀림없다. 노숙자 노릇을 해도 머무는 장소가 중요하다. 내가 본 대부분의 노숙자들은 오히려 운명이 점점 나빠지는 곳에 머물고 있었다. 그래서는 노숙자 신세에서 벗어날 수 없다. 그 상태를 벗어나길 바라지 않는 사람도 있을지 모르겠지만, 마지못해 그렇게 살고 있다면 장소를 잘 살펴보기 바란다.

여기서 그 노숙자 얘기를 꺼낸 것은, 아주 열악한 처지에 있더라도 사람은 장소를 잘 선택하면 희망이 있다는 것을 이야기하고자 한 것이다. 지금의 불행한 상황에서 빠져나와 어딘가에 가서 새롭게 정착하고 싶다면, 큰 바위를 바라보거나 거대한 나무에 기대어 있거나 컨테이너 박스가 모여 있는 곳을 구경하면 좋다. 그리고 그 속에서 편안하고 아늑한 공간을 찾아다녀야 한다.

인적이 없는 고궁 안을 거닐어도 좋다. 어디 가서 앉게 되면 두꺼운 방석 위나 소파가 좋다. 딱딱한 의자에 자주 앉으면 운명이 요동치는 법이다. 특히 현재의 운명이 싫은 사람이라면 반드시 유의해야 할 사항이다.

끝으로 책이라는 것은 누구에게나 좋은 기운을 준다. 그중에서도 현실에 불만이 많은 사람은 반드시 책을 가까이 해야 한다. 요즘에는 서점 안에 커피숍도 있다. 그런 곳에 찾아가서 앉아 있으면 좋을 것이다. 현재의 운명이 만족스러우나 그래도 좀 더 발전하고 싶은 사람 역시 책이 많은 곳에 가면 좋다. 현재가 너무 싫어서 최대한 빨리 바꾸고 싶다면, 살면서 한 번도 안 가본 장소에 가서 무작정 돌아다녀 보라. 효율은 조금 떨어지지만 그것도 한 가지 방법이다.

13

오래 살고 싶다면
사람 많은 곳을 피하라

세상에는 세 가지 분명한 거짓말이 있다. 첫째는 처녀가 결혼하기 싫다는 것이고, 둘째는 장사꾼이 밑지고 판다는 것이다. 그리고 셋째는 노인이 일찍 죽고 싶다는 것이다. 세 가지 모두 그럴듯하다. 처녀가 결혼하기 싫다는 것은 필경 부끄러움 때문일 것이고, 장사꾼이 밑지고 판다는 것은 완전히 거짓말이다. 안 팔면 안 팔았지 뭐하러 밑지고 팔겠는가?

여기까지는 말 그대로 거짓말인 것 같다. 하지만 세 번째는 조금 더 생각해볼 것이 있다. 노인이 되면 몸이 불편하고 만나 주는 사람이 없어 고독하다. 몸이 아프고 마음이 고독한데 누군들 오래 살고 싶겠는가! 노인이 죽고 싶다는 것은 살 만한 조건이 갖추어지지 않았다는 조건부 한탄일 뿐이다.

젊은 사람들도 언젠가는 이런 상황을 맞이할 것이 틀림없다. 물론 그중 일부는 노인이 되었을 때 살기에 편안한 모든 조건을 갖추어서 오래오래 살고 싶을 것이다. 삶이 무엇이든 간에 말이다. 그런 사람이야말로 행복하다고 말할 수 있지 않을까? 하지만 현재 행복하지 않아도 사람에게는 살고 싶은 근원적인 욕망이 있다. 지금은 불행할지언정 언젠가는 행복해질 거라는 희망을 갖고 있기 때문이다. 희망마저 분명히 없다면 이제는 죽고 싶다는 말이 진심이라고 봐야 하지 않을까!

어쨌건 이 문제는 잠시 덮어두고 현실을 보자. 오늘날 인간의 수명은 상당히 길어졌다. 50년 전만 해도 50대에 죽는 사람을 흔히 볼 수 있었다. 하지만 지금은 '100세 시대'를 바라보고 있다. 그런데 어째서 인간의 수명이 이토록 늘어났을까? 내 질문이 이상하다고 생각할지 모르겠다. 하지만 이것이 생각해볼 문제이기 때문에 여기서 얘기하는 것이다.

흔히 의학이 그만큼 발달했으니까 수명이 늘어났다고 생각한다. 물론 그런 이유도 틀린 것은 아니다. 하지만 오늘날 수명이 늘어난 것은, 의학의 발달 이상의 다른 요인이 존재하기 때문이다. 그것은 대체 무엇일까? 요즘 사람들은 어째서 그토록 오래 사는 것일까?

답은 간단하다. 남이 오래 사니까 오래 사는 것이다. 뭐라고? 남이 오래 살기 때문에 나도 오래 사는 것이라면, 그 '남'은 도대체 왜 오래 사는 것인가? 내 말이 웃길 것이다. 하지만 웃고 넘길 문제가 아니다. 여기에는 대자연의 심오한 섭리가 숨어 있다.

현재 지구에는 70억 명이 모여 산다. 지구에 영혼이 밀집되어 있다는 뜻이다. 영혼의 밀집이란 다름 아닌 천기天氣의 밀집으로, 이 힘이 작용하여 인간의 수명이 늘어나는 것이다. 다른 말로 표현하면 다른 사람의 기운을 받아서 나도 오래 산다는 뜻인데, 사람이란 사람에게서 기운을 받을 수 있는 법이다. 가족들이 간절하게 기도할 때 환자가 갑자기 회복되는 경우가 있는데, 이것은 바로 사람으로부터 받은 기운 때문이다.

오늘날에는 수많은 사람이 모여 살고 있고, 이들이 지구생태계에 양의 기운을 내뿜고 있다. 이 기운은 서로에게 도움을 준다. 물론 예전에는 의학이 발달하지 못한 면도 있었겠지만, 아직 인구가 충분하지 않아서 오래 살지 못했던 것이다. 인간에게는 영적 기운이 있고, 그것은 살아가는 동안 계속 발출하게 된다. 만약 지금보다 인구가 더 늘어난다면 개개인의 수명도 더 늘어날 것이 틀림없다.

그리고 이것은 규모를 좁혀서 생각해봐도 통하는 이치다. 가족도 자주 모이면 수명을 늘리는 데 도움이 된다. 가족의 경우는 서로에게 발산하는 기운이 더욱 특별하기 때문이다. 그렇기 때문에 자손을 많이 거느리는 것은 분명히 장수에 유리한 면이 있다.

하지만 인류가 점점 늘어나는 힘과 비교할 바는 못 될 것이다. 앞으로의 세계는 영혼들이 많아져서 그 기운의 혜택을 누구나 누리게 되므로 사람이 사람을 미워하지 말아야 한다. 먼 옛날 지구에 지금처럼 인류가 많지 않았을 때는 수명도 짧고 뭇짐승의 도전 때문에 서러운 일도 많았다. 그래도 지금은 그런 일이 별로 없지 않은가?

그러니 미래의 세계에는 친인척이나 가족이 없어도 인류 자체의 도움으로 더 살기 좋은 세상이 될 것이다. 그래서 오래 산다는 것은 아주 바람직한 일이 아닐 수 없다. 오래 살다 보면 필경 못다 한 행복도 얼마든지 다시 찾아올 것이다.

산천대축

그렇다면 오래 사는 방법에 대해 얘기해보자. 물론 건강은 의학적 조언에 따라 알아서 잘 챙겨야 한다. 여기서는 우주에 내재되어 있는 장소의 힘을 알아보겠다. 축적되어 있는 힘은 《주역》의 괘상으로 산천대축山川大畜이라고 한다. 이 괘상은 앞에서도 나왔지만 여기서는 특히 영혼의 힘에 주목해야 한다.

천

괘상을 보면 아래의 모양이 천天으로 되어 있는데 이는 하늘의 기운으로 바로 영혼의 힘이 축적되어 있는 것을 의미한다. 수명이란 몸의 기운도 중요하지만 원천적으로는 영혼의 기운에 좌우되는 것이다. 예전에는 우리 인류의 영혼의 기운이 지금보다 강했었다. 단지 위생이나 환경적인 문제 때문에 몸의 기운이 약해지는 일이 잦았을 뿐이다. 앞으로 인류가 몸의 문제를 완전히 해결하고 나면, 그때부터는 수명을 좌우하는 것이 오로지 영혼의 힘 자체가 될지도 모른다.

영혼의 힘을 보강할 수 있는 장소는 어디일까? 첫째로 떠오르는 곳은 거대한 돔으로 둘러져 있는 공간이다. 실내 농구장이나 천장이 높은 지하도다. 서울 강북에는 광화문 지하도, 강남에는 포스코 사거리 지하도가 그런 장소다. 실외로는 댐에 물이 가득 찬 곳인데, 댐이 클수록 좋다. 소양댐이면 어떨까!

반대로 사람이 많이 모인 곳은 안 좋다. 다른 사람의 기운을 받으려면 오히려 사람이 많은 곳에 가야 하는 것 아니냐고 반문할 것이다. 하지만 그렇지 않다. 인간의 몸이 다른 이들의 눈에 많이 보여지는 곳에서는 영혼이 혼란스러워한다. 또한 물이 말라 있는 댐은 노인에게는 아주 위험하다. 영혼이 마른 댐을 본받기 때문이다.

큰 금고가 있는 곳은 어디나 다 좋다. 금고가게에 찾아가보는 것도 좋고, 은행 안에 앉아 있는 것도 좋다. 은행은 돈이 쌓여 있는 곳이라서 영혼이 이를 알아차린다. 제철소의 거대한 용광로 역시 좋은데, 이런 곳에 가보기가 어려우면 재래식 아궁이도 괜찮다. 오래 살고 싶은 사람은 젊었을 때부터 좋은 장소를 찾아다니는 취미를 가져볼 필요가 있다. 긴긴 세월이 흐른 뒤에 반드시 그 힘이 발휘될 것이다.

14

정해진 운명을
어떻게 바꾸는가?

알고자 하는 인간의 욕망은 끝이 없다. 모든 것을 알아야만 편안해지는 영혼의 속성 때문이다. 인류는 자연계에 출현한 이후 본연의 욕망인 호기심을 발동하여 주변을 차츰 정복해 왔다. 그리고 마침내 자신들의 미래를 미리 알고자 하는 데까지 이르렀다. 예전 같으면 이것은 하늘의 영역이었다. 신이나 알 수 있을 거라고 했던 영역에 마침내 인간이 도전하게 된 것이다.

인간은 어째서 미래를 알고 싶어 할까? 가만히 있으면 저절로 찾아오는 것을…. 하지만 그게 아니다. 미래를 알게 되면 그 효용은 무한할 것이다. 문제는 미래를 알기가 너무 어렵다는 것이다. 대체 미래는 어떤 식으로 준비되는가? 이 문제를 해결하는 것은 이제 철학자나 예언가가 아닌 과학자의 몫이 되어버렸다. 하지만 그 문제를 여기서 논하기에는 너무나 복잡하고 지루하다. 상식의 범위에서 대강이나마 이해하는 걸로 만족하자.

인간은 일을 할 때 미리 계획을 한다. 하늘 역시 그렇다. 그것이 바로 운명이다. 다만 이것은 아직 확정된 것은 아니고 대충 그려본 것에 지나지 않는다. 실제 세계에서의 운명이란 것도 이런 식으로 미적지근하게 만들어진다. 하늘이 그렇게 한다. 하늘은 양의 존재로서 무한한 가정을 그림으로 그려놓고, 특별한 일이 없는 한 시간의 흐름과 함께 그것을 확정시킨다. 이것이 최초의 운명이다. 처음엔 대충 밑그림만 그렸던 것이 시간이 지날수록 분명한 선과 색깔로 확고하게 칠해진다는 뜻이다. 그리하여 운명의 순간, 즉 현재까지 끌고 오면 절대로 바꿀 수가 없게 된다.

운명은 원래 정해져 있지만 그것이 그대로 현실이 되려면 중간에 다른 변수가 끼어들지 않아야 한다. 하지만 변수가 생기면 그에 따라 적절히 예정되었던 운명도 바뀌는 법이다. 이것은 제2의 운명이라고 할 수 있다. 운명은 이렇게 제3의, 제4의 운명으로 무한하게 변할 수 있는 형태다. 쉽게 말해 변수가 추가되면 운명은 바뀌고, 내버려두면 그대로 간다는 뜻이다. 이것은 뉴턴의 제1법칙인 '관성의 법칙'과도 같은 것이다. 정해진 것을 건드리지 않으면 영원히 그 상태를 유지한다는 자연의 섭리 말이다.

운명도 변화의 여지를 남겨둔다. 예를 들어 어떤 사람이 어느 날 물에 빠져 죽는 운명이 정해져 있다면, 그날 물가에 안 가면 된다. 여행 일정을 취소하고 집 안에 틀어박혀 있으면 하늘도 그를 물에 빠트릴 수가 없다. 운명을 미리 안다는 것이 그리 쉬운 일은 아니지만, 어쨌든 원리는 그렇다는 것이다.

운명이란 미리 알면 얼마든지 고칠 수 있고, 이런 일은 인간만이 할 수 있다. 예로부터 성현이나 도인들은 그런 힘을 가지고 있었다. 그들은 미래를 어느 정도 알고 있었기에 미리 경고하거나 조심하도록 환기시켜 못된(?) 운명을 바꾸기도 했던 것이다. 어려운 문제이니 그냥 개념 정도만 이해하면 된다. 현재 어떤 운명에 처해 있다면 그것을 바꿀 수 있다는 것이 중요하다. 이 책에서 장소의 힘을 논하는 것도 그런 이유 때문이다.

하늘이 정해놓은 운명이 제1운명이다. 그런데 어떤 사람이 그 운명에 영향을 미치는 장소에 자주 찾아간다고 하자. 이렇게 되면 하늘과 장소가 싸우게 된다. 이것이 바로 천지의 다툼으로 바로 음양의 조화를 말한다. 그런데 똑같은 힘이라면 음이 양을 이기는 법이다. 이는 소위 상극의 원리인데 양은 원래 자유롭지만 음을 만나면 그 자유는 소멸된다. 음양은 평등하지 않다. 양은 비록 자연계에 먼저 태어났지만 뒤늦게 나타난 음에게 진다. 먼저 태어난 죄 때문이라고 보면 된다.

운명이라는 것도 처음엔 하늘(양)이 정한다. 그리고 저절로 흘러간다. 그러나 인간이 일부러 어떤 장소를 택해 그 운명을 방해할 수가 있는 것이다. 이때 인간은 음을 끌어온 것이고 양(운명)은 그에 따라 예정을 바꿀 수밖에 없다. 자연의 섭리가 그렇다. 어째서 그런가에 대해서는 앞에서 누차 설명한 바와 같다.

이상하게 생각할 것 없다. 자유(양)란 원래 질서(음) 앞에서 힘을 못 쓰는 법이다. 가정에서도 그렇지 않은가? 남편이 아무리 하고 싶어도 아내가 반대하면 그로써 끝이다. 당초의 계획은 좌절되는 것이다. 운명의 세계도 마찬가지인바 이는 오로지 음양의 섭리에서 나온 귀결일 뿐이다. 이른바 천지인天地人 삼재의 섭리가 바로 이것이다.

천은 인을 이기고, 인은 지를 이기고, 지는 천을 이긴다. 우리는 이 원리를 알고 있으므로 장소(지)를 선택함으로써 하늘(천)을 제어할 수 있는 것이다. 인간은 하늘은 이길 수 없으나 장소는 선택할 수 있으므로, 결과적으로 운명을 지배하게 되는 셈이다.

그래서 우리는 좋은 장소를 찾아야 한다. 그곳에서 우리는 하늘(운명)에 맞설 수 있다. 이는 불경이 아니다. 알면 고칠 수 있다는 것, 이것은 인간에게 주어진 권리다. 하늘은 참견하지 않는다. 인간이 시간의 흐름(운명)을 미리 알고, 이것을 고치고자 한다면 그 또한 운명인 것이니(제2의 운명) 하늘이 싫어하거나 마다할 이유가 없다. 하늘은 강요하지 않는다. 운명이란 하늘에 적혀 있을 뿐 하늘이 강제하는 것은 아니다.

운명은 스스로 강약이 정해져 있다. 강한 운명이란 것은 하늘이 강하게 정해 놓았다는 뜻이 아니다. 자연의 섭리가 그렇게 되어 있을 뿐이다. 그렇기 때문에 인간이 이를 알면 거기에 맞는 방법을 취하면 된다. 물론 간혹 너무 강한 운명은 인간의 힘이 영향을 미치지 못할 수도 있다. 하지만 대부분의 운명은 그리 단단하지 않다. 우리는 그저 고칠 수 있는 것만 고쳐나가면 된다.

그리고 아주 강한 운명이라도 오랜 동안 노력하면 얼마든지 바뀌는 법이다. 하늘은 애써 일부러 정해놓지 않는다는 것을 명심하라. 그래서 우리는 자유롭고 행복할 수 있는 것이다.

결국 전쟁은
운수 좋은 장수가
이긴다

제2부

옛날 병법서에 이런 말이 있다. 힘센 장수는 용감한 장수만 못하고, 용감한 장수는 지혜

로운 장수만 못하고, 지혜로운 장수는 인격 있는 장수만 못하고, 인격 있는 장수는 복 있

는 장수만 못하다고…. 이는 결국 전쟁이란 '운수 좋은 장수가 이긴다'는 뜻이다. 아무리

실력이 좋아도 막판에 가서는 운명의 영향을 받는다는 것은 엄연한 사실이다.

15

큰 사업은
낮은 곳에서 일어난다

음의 작용을 좀 더 정밀하게 살펴보자. 음의 반대 작용인 양과 대비시킴으로써 더욱 확실하게 이해할 수 있을 것이다. 풍선을 예로 들어보자. 풍선에 공기를 계속 주입하면 점점 커지고 팽팽해지다가 결국 터지고 만다. 이때 풍선 안에 주입된 공기는 팽창의 원인이므로 양에 해당되고, 양의 힘을 제어하고 있는 것(풍선의 고무처럼)이 음이다. 공기가 풍선을 팽창시키고, 풍선이 그 안의 공기를 압축시키듯이, 음과 양은 서로 반대작용을 하는데 음이 없으면 양은 발산해버리고 만다. 음은 모든 곳에서 양의 발산을 제어함으로써 결실을 맺게 한다.

가정에서도 마찬가지다. 남자는 큰 목표를 향해 강하게 나아가려 하고 여자는 위험을 걱정하고 현실을 감안해서 남자의 속도를 조절해주거나 아예 계획을 진행시키지 못하게 막는다. 얼핏 보기에는 양이 나아가는 길을 음이 막아서서 방해하는 것처럼 보인다. 하지만 실은 음이 양을 적당히 조절해줄 뿐이다.

우리 몸도 똑같다. 교감신경계는 몸의 전체적인 생리작용을 높이는데, 이를 그대로 방치하면 우리 몸은 지나치게 활동적으로 움직이다가 파탄을 맞이할 수 있다. 그런데 몸에는 부교감신경계라는 것이 있어서 몸이 지나치게 활성화되는 것을 막아준다. 음은 흥분을 가라앉히는 작용을 하는데, 이 힘(부교감신경)이 충분한 사람이 건강하다.

세상사에는 힘이 부족한 경우도 있지만 대개는 지나쳐서 결실을 보지 못하는 것이 더 많다. 지나치게 욕심을 부리는 경우가 그렇다. 또한 욕심은 아닐지라도 상황을 제대로 파악하지 못하고 의욕만 앞서나가면 실패하게 된다. 모름지기 인생사는 나아갈 때와 멈출 때를 알아야 하는데 여기서 중요한 것은 '멈출 때를 아는 것'이다.

인간은 본시 앞으로 돌진하고 싶어 하는 경향이 있다. 그러나 이것을 잘 막아주거나 조절해주는 힘이 있어야만 목표로 삼은 과녁에 더욱 정확히 적중하는 법이다. 어린아이들은 무작정 무엇인가 하려고 들고, 이를 막아서는 어른을 싫어한다. 아이들은 철이 없어서 제멋대로 하고 싶은 것이다. 하지만 나이가 들어감에 따라 자제하는 법을 배우게 된다. 이는 음의 능력이 쌓여간다는 뜻이다.

음의 능력은 모든 곳에서 발휘된다. 인생에 있어서는 운명의 현주소를 알고 거기에 알맞게 행동해야 하는데, 이를 모르면 날이 갈수록 운명이 꼬이게 되는 법이다. 알맞게 행동하는 것이 중요한데 이것이 바로 음을 의미한다. 일반적으로 생각하기에는 인생이란 박차고 나아가는 힘이 중요할 것 같은데 실은 그렇지 않다. 자제력이 더 중요한 것이다.

나는 독신남자에게 반드시 결혼을 하라고 권한다. 그래야 재산이 모인다. 어쩌면 혼자 사는 것보다 생활비가 2배로 들수도 있다. 하지만 남자는 여자와 함께 살면 음의 능력이 합쳐져 자제하는 힘이 생긴다. 그러면 인생에 무엇이든 쌓여간다.

결론은 이렇다. 힘이 넘치는 것보다 힘을 잘 제어하는 사람이 성공한다는 것. 이는 음이 양의 작용을 능가한다는 뜻과 같은 말이다.

공자는 이렇게 말했다. 과유불급過猶不及, 즉 지나친 것은 부족함만 못하다고 말이다. 여기서 지나치다는 것은 '강함'만을 뜻하는 것은 아니다. 분수를 모르고 날뛰거나 방향 설정이 잘못된 사람도 포함된다. 사람이 실패하는 원인은 무수히 많지만 대개는 어디론가 잘못 들어섰기 때문에 그렇게 된다.

직장에서 크고 작은 장애물을 만날 때, 혹은 노력이나 능력이 부족해서 일이 잘 안 풀릴 때, 흔히들 이렇게 말한다.

"내가 무슨 영화를 보려고 이렇게 사나. 확 그냥 때려치워 버릴까…."

그렇게 하던 일을 중도에 포기하고 방향을 전환해 다른 일을 시작한다. 그러다 새로운 일을 하면서 또다시 역경에 부딪히면 그 일에서 실패하고 또 다른 일을 찾아나선다. 이렇게 되면 결국 나이만 먹고 남는 것이 아무것도 없는 인생이 된다.

새로운 일을 선택할 때는 아주 신중해야 한다. '신중함'이 바로 음인데 음의 기운이 부족한 사람이 양의 기운이 없는 사람보다 실패하는 경우가 더 많다.

음의 기운은 상황을 파악하는 힘이다. 반면 양의 기운은 허황된 욕심인 경우가 많다. 젊었을 때는 누구나 자기 자신이 잘나 보이고 크게 성공할 것이라고 생각한다. 이는 마구 발산하는 양의 기운 때문에 생긴 허황된 망상에 불과하다. 성공하기 위해서는 자신을 잘 파악해야 하고 신중하게 움직여야 하는

데, 가장 먼저 자기 자신을 잘 파악하는 것이 중요하다. 자신을 잘 파악하는 것과 신중한 것 모두 음이다.

음의 기운이 있느냐 없느냐가 관건이다. 남들 앞에 서서 품위 없는 행동을 하는 것도 바로 음덕이 부족해서이고, 인간관계에 실패하는 것도 음의 덕이 부족한 탓이다. 계속 그렇게 가면 인생도 실패한다. 도인들은 수도생활을 하면서 길고 긴 시간을 들여 자제력을 공부한다. 즉 음덕을 기르는 것이다.

양만 있고 음이 없는 사람

J는 자제력이 부족해도 너무 부족한 사람이다. 그래서 나서지 말아야 할 때 자주 나선다. 항상 남을 가르치려고 들고, 남의 문제점만 연구한다. 이는 밖으로 치닫는 마음을 단속하지 못하는 데서 기인하는 문제다. J는 어떻게 됐을까? 그는 대인관계에서 거듭해서 실패하고 윗사람에게도 밉보여 결국 회사에서 쫓겨났다.

J는 항상 들떠 있다. 이는 아주 위험한 성품인데, 들떠 있는 사람은 자기 자신을 발견하지 못한다. 자신을 제대로 파악하지 못하니 이로써 실패는 당연한 일이다. 어떤 사람들과 만나도 왕따를 당한다. 어디서든 가만히 있지를 못하고, 분수를 모

르고 날뛰기 때문이다. 자신의 능력을 과신해서 무슨 일이든 번번이 실수한다. 문제는 그러면서도 반성을 안 한다는 사실이다. 반성능력을 상실한 것이다. 이 모든 것은 J에게 양만 있고 음이 없기 때문이다.

그렇다면 음이 그토록 갖추기 어려운 것인가? 그렇지 않다. 가만히 있으면 그게 바로 음인 것이다. 그런데도 왜 그게 힘들까? 소설에 나오는 손오공은 1분을 가만히 있지 못한다고 한다. 반면 삼장법사는 3년 정도는 쉽게 가만히 앉아만 있을 수 있다고 한다. J는 직장에서 쫓겨난 후로 하는 일마다 계속 실패했고, 점점 친구도 없어졌다. 앞날을 전망해 보건데 그의 미래는 지금보다 더욱 비참해질 것이 뻔하다. 애석하지만 지금이라도 대책을 세워야 한다. 음의 기운을 길러야 하는 것이다.

J는 현재 방황하고 있다 먼 곳만 바라보느라 눈앞의 일, 바로 자기 자신을 보지 못한다. 이유가 무엇이든 지금 길을 잃은 상태이니 재빨리 방향을 찾아야 한다. 세상에는 길을 잃은 어른들이 아주 많다. 직장도 잃고, 사람들에게도 버림받고…, 사방 어디를 둘러봐도 막막할 뿐이다. 당장 무엇을 해야 할지 도무지 알 수 없다.

나 자신도 젊은 날에 방향을 잃은 적이 적지 않았다. 나는 그때마다 '어디로 가야 하지?' 하고 번민에 빠졌다. 지금은 위기에 처할 때마다 방향을 찾아가는 기술을 터득했다. 그리하여 그 기술을 길 잃은 사람들에게 알려주고 싶다. 안개 속을 걷는 것처럼 어디로 가야 할지 무엇을 해야 할지 모르는 사람, 시간이 갈수록 뭔가를 하나씩 상실해가는 사람, 한숨만 나오고 울고 싶은 사람…. 즉 J 같은 사람인데 이런 사람이 찾아가야 할 곳이 있다. 그곳은 바로 '낮은 곳'이다.

지택림

지하실, 산 아래, 강가, 지대가 낮은 동네 등이다. 높은 곳에 가서는 안 된다. 특히 높은 건물이나 높은 산에 가서 아래를 내려다보는 행동을 해서는 안 된다. 낮은 곳에 머무르는 것을 《주역》의 괘상으로 지택림地澤臨이라고 하는데 이것은 또한 '자리를 찾는다'는 뜻이 있다. 저 멀리 바다를 보자. 당당하게 자리를 차지하여 수억 년을 변치 않는다. 사람도 바다처럼 자기 자리를 차지해야 한다. 이는 뿌리를 내려야 한다는 뜻과 같다. 뿌리를 내리고 싶다면 낮은 곳으로 내려와야 한다. 그러기 위해서는 영혼에게 낮은 곳을 자주 보여줘야 한다.

요즘은 큰 건물에 가면 지하에 굉장히 넓은 아케이드가 있다. 그 안에 식당도 있고 상점도 많다. 그런 곳에 놀러 다니면 되는 것이다. 커피 한잔을 마셔도 지하로 내려가야 한다. 청계천 산책길도 도로면 아래에 있기 때문에 아주 좋다. 잘 찾아보면 다른 곳보다 지대가 낮은 동네도 있다. 이런 곳으로 이사를 가거나 자주 찾아가보면 된다. J 같은 사람은 마음이 붕 떠 있고 자꾸만 위로 치솟으려는 영혼을 끌어내려야 하기 때문에 낮은 땅의 힘을 빌려야 한다.

실직이란 다른 것이 아니다. 너무 높은 데 가 있다는 뜻이다. 오로지 내려야 한다. 몸도 내리고 기분도 내리고 영혼도 내려야 하는 것이다. 신선의 경전에 이런 말이 있다. 큰 사업은 낮은 곳에서 일어나는 것이라고.

16

결국 전쟁은
운수 좋은 장수가 이긴다

옛날 병법서에 이런 말이 있다. 힘센 장수는 용감한 장수만 못하고, 용감한 장수는 지혜로운 장수만 못하고, 지혜로운 장수는 인격 있는 장수만 못하고, 인격 있는 장수는 복 있는 장수만 못하다고…. 이는 결국 전쟁이란 '운수 좋은 장수가 이긴다'는 뜻이다. 아무리 실력이 좋아도 막판에 가서는 운명의 영향을 받는다는 것은 엄연한 사실이다. 그래서 인생이 어려운 법이다. 아직 젊은 사람은 '에이, 설마…' 하겠지만, 좀 살아본 사람들은 다들 공감할 것이다.

물론 좋은 운명을 타고난 사람은 살기가 참 쉽다. 그런 사람은 힘들게 사는 사람들의 상황을 잘 모르는 것 같다. 경험해보지 않았으니 모르는 게 당연하다. 반면 불행한 운명을 타고난 사람은 자신의 실력만 믿고 있어서 복의 뜻을 잘 모른다. 아니, 외면한다. 실력도 중요하고 복도 중요하지만, 굳이 한쪽을 고르자면 나는 복 많은 사람이 되고 싶다.

한번은 이런 일이 있었다. 어느 파티에서 재미로 '복 있는 사람'을 추첨으로 뽑는 게임을 했다. 그냥 제비를 뽑아서 당첨된 사람에게 '복 있는 사람'이라고 박수 한 번 쳐주는 것이다. 상품도 없고 상장도 없고 명예랄 것도 없는 이 게임에 나는 상당히 진지하게 임했다. 대부분의 사람들은 별 대수롭지 않게 생각하고 무심히 제비를 뽑을 뿐이었다. 나는 정성을 다해 제비를 뽑았는데 공교롭게도 내가 복 있는 사람으로 당첨되었다.

상(?)으로 박수를 받는데 나는 이 순간 나 자신을 진짜 복 있는 사람으로 착각했다. 눈물까지 흘리면서 감동했던 것이다. 남에게는 그저 웃음거리였겠지만, 나는 그 순간이 무척 행복했다. 그런데 아무런 물증도 없는 이 행복이 무슨 효과가 있을까? 그것은 아무도 모를 일이다.

그 후로 긴 세월이 흘렀지만 아직 그 효과는 분명히 드러나

지 않았다. 그래도 나는 그날의 명예로운 행운(당첨)이 조금이나마 효과가 있었다고 본다. 불행해지지 않으면 이는 행복한 것이다. 공자는 이렇게 말한 바 있다. "군자는 국가로부터 상을 받기보다는 형벌을 피하고자 한다君子懷刑, 小人懷惠." 국가가 아닌 하늘로부터라도 마찬가지일 것이다. 그리고 형벌이라는 것은 불운이라고 봐도 무방하다.

나는 지금까지노 희냥을 품고 살아가고 있다. 나의 희망은 큰 불행이 없기를 바라는 것이다. 말하자면 순탄하기를 바라는 셈이다. 순탄도 괜찮다. 순탄이 계속되기만 하면 실적(작은 행운)도 차츰 쌓여갈 테니 말이다. 실은 순탄하지 않은 것이 문제다. 갑자기 파탄이 도래하면 당황하는 것은 물론이고 이로써 인생의 항로가 크게 흔들릴 수도 있기 때문이다.

내가 잘 아는 B 얘기를 해보자. 그는 아주 강한 사람이다. 사업도 이것저것 많이 벌여놓고 힘차게 살아가는 중이었다. 그런데 어느 날 파탄이 도래했다. 모든 사업이 동시에 다 무너진 것이다. 함께 일하던 사람들의 배신이 주요한 원인이었다. B는 의지만 강했지 사업에 수완이 있는 편은 아니었던 것이다.

다행히 그는 재기를 잘하는 사람이다. 불사조 같은 사람인데 칠전팔기 정도가 아니다. 그는 100번 쓰러져도 101번째 일어나는 사람이었다. 그런데 그런 사람이 대단히 크게 무너지고 나서 당황하고 있었다. 잠시 멈춰서 상황을 파악하는 중이었을 것이다. 하지만 그동안 쌓아왔던 모든 것이 무너진 것은 사실이었다.

그는 내게 "이럴 때 어떻게 하면 좋을까요?" 하고 물었다. 내게 운명의 방법을 물었던 것이다. 그는 워낙 투지가 강한 사람이라 '운명'이라는 것도 비웃을 정도였지만, 그때는 충격이 컸던 것 같았다. 나는 서울을 떠나 조금 긴 여행을 다녀오라고 권했다. B는 그러겠다고 씩씩하게 대답하고는 남쪽으로 여행을 떠났다. 그러고는 3개월 만에 서울로 돌아왔다.

B는 서울로 돌아와서 차분히 사업을 정돈하고 다시 시작했다. 그러자 사업은 다시 불이 붙었다. 순식간에 피해를 회복하고 좀 더 발전하는 길로 나아가고 있었다. 과연 B였다. 그는 지옥에 빠져도 기죽을 사람이 아니었는데, 이번에도 기세 좋게 망한 사업을 제자리에 돌려놓았다. 그리고 잘나갔다.

그런데 불운이 또 찾아왔다. 실은 불운이 아니라 B의 실수라고 봐야 옳을 것 같다. 그는 불타는 투지만큼 실력이 출중한 게 아니어서 자주 실패했던 것이다. 이번에도 역시 똑같은 상황이 된 셈이다. B는 내게 또 물었다.

"또 실패했네요. 어떻게 하면 좋지요?"

이렇게 말하는 그는 기세 하나만큼은 당당했다.

어처구니없었지만, 걱정하는 마음으로 처방을 해주었다.

"다시 여행을 다녀오세요. 지난 여행은 국내 여행이어서 너무 가까웠으니, 이번에는 외국에 나갔다 오세요."

그는 즉시 일본으로 떠났다. 일본을 선택한 것은 특별한 이유가 있었던 것은 아니고, 그저 가까운 외국이었기 때문이다.

그리고 그는 6개월 만에 돌아왔다. 일본에 가서 고생도 많이 한 것 같았다. 그는 다시 시작했고 마침내 재기에 성공했다. B는 이번에는 좀 더 신중하게 사업을 운영했는데 그로써 상당히 오래 사업을 일구고 있었다. 그러나 아직 B의 불운은 끝나지 않았던 것이다. 그는 또다시 망하고 말았다.

하지만 그렇다고 해서 마음까지 좌절한 것은 아니었다. 좌절은커녕 마음속에 도전의 불길이 여전히 활활 타오르고 있었다. 나는 다시 한 번 재기의 처방을 내려줄 수밖에 없었다. 이번에도 내용은 같았다. 여행을 다녀오라는 것…. 다만 일본 정도로는 안 되니 더 먼 곳에 다녀오라고 말해주었다. B는 이를 실행에 옮겼다. 이번에는 미국으로 떠났던 것이다. 마찬가지로 거기서 온갖 고생을 하고 3년 만에 귀국했다.

솔직히 나는 그가 아예 미국에 눌러 앉으면 좋겠다고 생각했다. 하지만 B는 고향을 떠나 영구적으로 미국에서 살기를 원하지 않았다. 그는 한국을 무척 사랑했던 것이다. 아무튼 그는 한국으로 돌아와 다시 사업을 시작했다. 그리고는 기어코 재기에 성공했다. 끊임없는 투쟁정신과 긴 여행이 그를 다른 사람으로 만들어놓은 것이다. 이번에는 제법 실력까지 붙어 있었다. 그 후로 그는 사업도 인생도 순항 중이다.

B는 실존 인물인데 그가 어떻게 거듭된 사업실패에서 재기할 수 있었는지에 대해 설명을 덧붙여야 할 것 같다. 핵심은 여행이다. 대체 여행이 무슨 효과가 있을까?

세상에는 나쁜 곳과 좋은 곳이 있는데, 사람이 어떤 곳에 다녀가면 그곳의 기운이 영혼에 달라붙기 마련이다. 나쁜 기운이든 좋은 기운이든 말이다. B는 영혼에 많은 기운들이 달라붙어 있었다. 물론 내가 그 기운을 일일이 알고 있었다는 것은 아니다. 단지 일반적인 경향을 생각해본 것뿐이다.

B는 워낙 투지가 강해서 아무 곳이나 가리지 않고 다니는 사람이었다. 그러다 보니 이런저런 기운들이 달라붙었고, 그 중에는 인생에 해를 끼치는 기운도 많았던 것이 사실이다. 물론 이 역시 내가 세세하게 느낀 것은 아니었다. 나는 일반론을 가지고 그에게 처방했던 것이다.

여행이란 두 가지 효과가 있다. 첫째는 씻어 없애는 효과다. 여행이란 홀홀 털어버리는 작용이 있다. 목욕과 같다고 보면 알기 쉬울 것이다. 몸이 찌뿌드드할 때 사람들은 우선 목욕부터 한다. 목욕은 건강에도 이로운데, 지난 일을 청산하겠다는 뜻과 경건한 자세를 갖춘다는 의미도 있다. '목욕재계'란 말이 바로 그것이다.

여행은 마음의 목욕이다. 혼란스러운 상황을 잊고 새로운 힘을 얻을 수 있다. 이것은 누구나 알고 있는 일반적인 내용이어서 대개의 사람들이 실패하고 나면 여행을 떠난다. 내가 B에게 여행을 떠나라고 한 것도 이런 범주 안에 있는 단순한 처방이었다. 물론 B에게 딱히 이렇다 할 병적인 문제 요소가 있는 것은 아니었다. 단지 그는 의욕이 지나치게 과하고 기운이 너무 넘친다는 것이 문제라면 문제였을 뿐이다. 그러나 인생은 기운이 나가 아니다. 맨 앞에서도 말했듯이, 복 있는 장수가 최상이라고 말하지 않았던가! B에게는 그것이 필요했다.

여행의 두 번째 기능을 알아보자. 여행이란 세상 곳곳을 돌아다니는 것이라서 이제까지 접한 적 없는 새로운 기운을 만나기 쉽다. 나쁜 것을 버리고 좋은 것을 취해야 하는 것은 당연한 이치가 아닌가? 여행은 두 가지 기능을 다 가졌다. 버릴 것은 버리고 또한 무엇인지 모를 새로운 기운을 얻는 것! 이것이 여행의 효과다. 그래서 속상한 사람은 일단 여행을 다녀오면 좋다. 주역 괘상으로는 화산려火山旅인데, 이는 근본을 뜯어고친다는 뜻이 있다.

화산려

물론 여행이 나쁜 경우도 있다. 여행 때문에 상황이 더 나빠질 수가 있다는 뜻이다. 어쨌든 B는 여행을 통해 실패를 잊었다. 그리고 새로운 기운을 얻었다. 그가 여행 중에 무엇을 얻었는지는 상세히 따져보지 않았다. 그저 B에게는 새로움이 필요했던 것이다. 새로움이라는 것은 누구에게나 필요하다.

여행은 분명 새로움을 가져다준다. 그래서 여행이란 맞춤형 처방은 아니지만 일반적으로 한 번 해볼 만한 일이다.

그렇다면 어디로 여행을 가야 할까? 얼마나 멀리 떨어진 곳에 다녀와야 할까? 당연히 먼 곳에 가야 새로움도 많을 것이다. 외국이면 더욱 좋다. 이제까지 접하지 못한 것을 경험하고 느낄 수 있기 때문이다. 그리고 버릴 것은 먼 곳에 버리는 것이 유리하다. 특히 운명에 관한 것은 가능한 한 먼 곳에 버려야 확실히 떨어진다.

그래서 B는 가까운 곳에서부터 마침내 먼 곳까지 다녀오게 된 것이다. 그는 이로써 상황을 변화시켰다. 하지만 아주 큰 실패가 아닐 때는 너무 먼 곳에 다녀올 필요는 없다. 너무 먼 곳은 얻을 것도 있겠지만, 반면 잃을 것도 많기 때문이다. 먼 곳으로의 여행은 극약처방과도 같은 것이다. 보통 사람이 살면서 그렇게까지 큰 실패를 겪는 일은 드물다. 약간의 일탈일 뿐이니 좌절은 금물이다.

그리고 꼭 필요한 처방은 맞춤형이어야 효과가 분명할 것이다. 하지만 불분명한 유형의 실패도 있기 때문에 이 장에서는 일반적인 처방에 대해 알아보았다.

17

밑 빠진 독처럼 기운이
줄줄 새어 나간다면

내가 아는 K는 얼마 전 길거리에서 지갑을 잃어버렸다. 다행히 지갑에 돈이 별로 없어서 큰 피해를 보지는 않았다고 한다. 단지 신분증을 잃어버렸기 때문에 관공서에 찾아가 번거로운 절차를 밟았다고 했다. 신분증은 그날로 새로 생겼고 이로써 사고는 수습되는 듯 보였다.

그런데 얼마 후 경찰서에서 연락이 왔다. 출두하라는 것이었다. 경찰서에 가보니 자신이 보이스피싱 사기범으로 지목되어 있는 것이었다. 누군가가 K의 신분증을 주워서 사용했기 때문이다. 자신은 범인이 아니라고 극구 해명했지만 K는 경찰서에 수차례 불려 다니며 크게 곤욕을 치렀다.

딱히 누구에게 화낼 수도 없는 어처구니없는 일이었다. 그저 운이 나빴다고 생각할 수밖에 없는 일이긴 하지만, 그래도 이런 일을 당해보면 화도 나고 맥이 빠진다. 살다 보면 누구에게나 사소하고 갑작스런 불운은 닥치기 마련이다. 그러나 B는 좀 남달랐다. 사고가 너무 잦았다. 길을 가다가 물벼락을 맞는다거나, 기껏 좋은 일을 해놓고 욕을 먹는다거나, 새로 사온 값비싼 물건을 바닥에 떨어뜨려 박살내는 등 K는 별의별 사고를 다 당해봤다.

교통사고가 나도 상대방 과실을 인정 못 받고 혼자 뒤집어썼고, 잃어버린 물건을 찾아주었는데 도리어 도둑으로 몰렸다. 멀쩡하게 걸어가다가 가만히 있던 개에게 물렸고, 새 옷을 입자마자 찢어지거나, 싸움을 말리다가 공연히 폭행범으로 몰린데다, 어디서 날아왔는지 모를 돌조각에 맞아 상처가 나는 등등 물리적 사고가 끊이지 않았고, 사업을 한답시고 무엇인가 시작하면 사기꾼도 잘 만났다.

주위 사람들은 K를 '사고 집합소'라고 불렀다. 몸에 병도 자주 나는데 계속 그렇게 살다가는 제명에 못 죽을 것 같았다. 혹여 오래 산다 해도 그 많은 사건사고를 어떻게 다 감당해야 할지 난감하다. 남들은 평생 한 번도 겪지 않을 이상한 사건사고를 이렇게 자주 겪는 것을 보면, K에게 무슨 문제라도 있는 것이 아닐까? 남들은 5년에 한 번 일어날까 말까 한 일도 K에게는 1년에 50번쯤 일어나니, 도대체 뭐가 문제일까?

어떤 사람은 K가 어릴 적에 부모님으로부터 사랑을 충분히 받지 못해서 그런 거라고 말한다. 또 어떤 사람은 K가 어머니 뱃속에서 너무 일찍 나와서 그렇다고 한다. 조심성이 부족한 성격 탓이라는 사람도 있다. 그 외에도 의학 · 심리학 · 교육학 · 종교 등에서 수많은 요인을 찾아낼 수 있을 것이다. 하지만 운명적으로는 단순히 '사고 많은 운명'이라고 말할 수밖에 없다. 이런 사람은 대개 '영혼의 방심' 상태가 심각한 경우에 해당되는데 비유하자면 '밑 빠진 독'과 같다. 영혼의 기운을 줄줄 흘리고 다니는 것이다. 그렇다면 이런 사람은 어디 가서 어떤 기운을 받아야 할까?

습감

《주역》을 보면 이런 사람은 수水의 기운이 부족한 사람으로 분류된다. 따라서 수의 기운을 보충할 필요가 있다. 물론 몸에 물이 부족하다는 뜻이 아니다. 여기서 수라고 하는 것은《주역》에서 습감䷜이라고 하는데 이 괘상은 물과 어두움, 감정 등을 나타내는 것이다. K는 비교적 긴급한 상황이니 습감을 보충하려면 어두움 속에 오래 머물러야 한다.

결국 전쟁은
운수 좋은 장수가
이긴다

창문을 닫고 어두침침한 방에 머문다거나, 아예 캄캄한 데서 시간을 견디는 것도 좋을 것이다. 비오는 날 거리를 헤매는 것도 좋다(물론 우산은 써도 좋다). 그 외에 강가나 바닷가 또는 호숫가 등에 가서 한참 동안 물을 바라보는 것도 효과가 있다. 양지보다는 음지가 좋고, 숲속의 그늘진 곳에 머무는 것이 좋다. 선글라스를 끼고 아예 세상을 어둡게 바라보는 것도 한 가지 방법이다.

음악은 가급적 듣지 않는 것이 좋다. 소음도 피해야 한다. 고요한 것이 습감에 해당되기 때문이다. K 같은 사람은 영혼에 빈틈이 많으므로(밑 빠진 독처럼) 이를 적극적으로 메워 놓아야 한다. 그것이 바로 어둠의 기운, 물의 기운이다. 맨땅은 좋지만, 돌로 포장된 도로는 아주 나쁘다. 강가의 오솔길을 자주 걸으면 좋을 것이다. 그곳에는 맨땅이 있고(잔디도 상관없다) 물을 바라볼 수가 있기 때문이다.

영혼의 빈틈을 메우기에 가장 좋은 장소는 늪지나 습지인데 찾아보면 우리나라에도 여러 곳이 있다. 가장 유명한 우포 늪을 비롯해서 순천만, 무안갯벌, 오대산 습지 등이 늪과 습지다. 또한 이런 사람들은 바람이 많은 장소에는 절대로 가면 안 된다. 그런 곳은 수의 기운을 흩어놓기 때문이다. 좋은 장소를 찾아갈 수 없는 상황이라면 골방에 오래 틀어박혀 지내는 것도 방법이다. 술렁술렁할 일이 아니다. K 같은 사람은 더 큰 사고를 당하기 전에 빨리 운명을 고쳐야 한다.

　그런 장소를 찾았다면 다른 모든 일을 차치하고 그곳에 3개월 이상 꾸준히 다녀야 할 것이다. 사고가 많은 사람은 자신이 노출되는 일을 가급적 삼가야 한다. 대로보다는 골목길로 다니는 것도 좋은 방법이다. 동굴여행은 아주 좋다.

18

직업을
바꾸고 싶다면

바로 앞에서 '유지하는 운'에 대해서 알아보았다면, 이번에는
반대의 상황을 살펴보자. 어떤 사람은 평생 한 직장에 다니거
나 같은 직업을 유지하기도 한다. 이를 좋다거나 나쁘다고 말
할 수는 없다.

H를 보자. 나는 이 사람과 잘 알고 지내는 사이는 아니지
만, 40년 이상 봐왔다. 그는 거리에서 잡다한 물건을 파는 사
람인데 상당히 특이하다. 우선 그는 40년을 한결같이 양복에

넥타이를 맨 정장차림으로 거리에서 장사를 했다. 장사를 위한 도구는 자그마한 가방 하나뿐인데, 그것을 펴놓고 장사를 하다가 밤이 되면 접어들고 자리를 떠난다. 그런 식으로 그는 40년 이상 살아온 것이다.

그는 언제나 건강하고 혈색도 좋아서 불행해 보이지 않는다. 그는 그런 식으로 일해도 인생이 편안했던 것 같다. 그러니 그토록 단정한 모습으로 그 일을 계속하는 것이 아니겠는가! 그는 필경 자신의 일에 만족하기 때문에 그 일을 계속해왔을 것이다. 그는 나이도 많아서(80대로 보인다) 이제 직업을 바꾸기는 힘들 것 같다. 아마 본인도 바꿀 필요를 못 느끼는 것 같지만 말이다. 이런 사람은 인생이 잘 정돈되어 있고 분수를 지킬 줄 아는 사람이다.

I를 보자. 이 사람을 나는 거의 50년 이상 봐왔다. 그는 행상을 하는데 파는 물건은 고무줄이다. 고무줄을 길게 늘어트리고 이곳저곳을 돌아다닌다. 길고 긴 세월 동안 그렇게 했다. 고무줄은 아주 값싼 물건인데 용도도 그리 많지 않다. 나는 그런 고무줄을 평생 한두 개 사봤을 뿐이다. I는 과연 그것을 팔아서 생계를 유지해왔을까? 나는 그렇지 않다고 생각한다. I는 마치 죄인 같은 모습으로 거리를 돌아다닌다. 어째서 그는 그런 일을 계속하고 있을까? 필경 마땅한 직업이 떠오르지 않아서일 것이다. 어쩌면 직업을 바꾸려고 여러 번 시도를 해보다

가 다시 제자리로 돌아왔을지도 모른다. 직업을 바꾸려다 실패하고 제자리로 돌아온 사람이 적지 않다.

J를 보자 이 사람도 50년 가까이 봐왔다. 그가 하는 일은 칼을 갈아주는 것이다. 일명 '칼가리'다. 요즘 젊은 사람들은 그런 직업이 있는 줄도 모를 것이다. 희귀한 직업이다. 그런데 나는 그를 어린 날부터 만나봤다. 우리 집 칼을 그 사람이 갈아주었기 때문이다. 나는 그의 표정이 하도 특이해서 그를 평생 기억했다. 우스운 얘기지만, 그를 쳐다보기만 해도 칼이 저절로 날이 서는 것처럼 느껴졌던 것이다. 아무튼 그는 그 후로도 내 앞에 종종 나타났는데 50년이 지났을 무렵 또다시 나타났다. 초췌한 얼굴에 거의 다 죽어가는 사람처럼 보였다. 그는 자신의 직업에 만족하지 않은 채 살아온 것이 틀림없었다.

그렇다면 어째서 I와 J는 그런 일을 계속하고 있는 것일까? 남들이 생각하기에는 도저히 이해가 안 되겠지만, 그들 나름대로 분명히 이유가 있을 것이다. 이런 비유를 생각해보면 어떨까? 북극에 에스키모인이 있다. 그들은 영하 50도의 추위 속에서 산다. 따뜻한 곳으로 떠나도 좋으련만 대를 이어 그 자리에서 계속 살고 있다. 아프리카 사막에 사는 사람들도 비슷한 상황이다. 그곳은 비가 오지 않아 식수조차 구하기가 쉽지 않다. 그런데도 그들은 그곳을 영구히 지키면서 살아간다.

직업도 마찬가지다. 자세한 이유는 모르겠으나 다들 나름의 이유가 있어 바꾸지 못하는 것이다. 이 문제를 조금 더 얘기하자. 앞에서 예로 든 I와 J는 고통스런 직업을 이어가고 있다. 세상에는 그런 사람이 많다. 그들처럼 괴로운 직업은 아닐지라도 자신의 직업에 불만을 가진 사람은 얼마든지 있다. 그렇다면 그들은 왜 그만두지 못하는가?

변화가 필요할 때 찾아가야 할 곳

이유는 간단하다. 바꿀 만한 마땅한 직업이 보이지 않기 때문이다. 그들은 대개 현실에 급급하기 때문에 쉽사리 직업을 바꾸지 못한다. 차일피일 미루다가 아예 기회를 놓치고 만다(나이가 너무 많아지는 경우도 있다). 직업을 바꾸기 위해서는 우선 새롭게 바꿀 만한 직업이 보여야 하고, 생계에 지장을 주지 않는 범위에서 바꿀 수 있어야 한다. 모아놓은 돈도 없는 사람이 5년, 10년씩 다른 직업을 준비할 수는 없다는 말이다. 똑같은 분야의 이 회사에서 저 회사로 옮기는 것 정도라면 몰라도, 완전히 새로운 직업으로 바꾼다는 것은 쉽지 않은 일이다.

남들이 보기에 제법 괜찮은 직업인데도 본인이 떠나려고 애쓰는 경우가 있다. 그런데도 마땅한 직업이 떠오르지 않는다. 이런 사람은 현재가 고생스럽든 아니든 간에 현실에 불만이 많아질 수밖에 없고(직업이 마음에 안 드니까), 그래서 무작정 현재 하는 일을 바꾸고 싶은 것이다. 현재 직업에 싫증이 나서 그럴 수도 있고, 벌어들이는 수입이 만족스럽지 않아서 돈을 더 많이 버는 직업을 찾을 수도 있다.

어쨌건 현재 상황에서 벗어나고 싶은데 갈 곳이 마땅치 않으니 마음이 몹시 괴롭다. 하루하루 사는 재미도 없고 신나는 일도 없다. 그러다가 우울증에 걸릴 수도 있다. 하지만 직업의 변화란 운명적으로 자연스럽게 이어져야지 그렇지 않으면 크게 고생하는 길로 들어서기도 한다. 그리고 직업이란 자기가 애써 선택하지 않았는데도 저절로 바뀌게 되는 경우가 있는데, 이런 경우에 크게 성공하는 사람이 나올 확률이 높다.

물론 직업을 바꿨다가 크게 실패한 후 본래의 자리로 돌아오는 경우도 적지 않다. 문제는 현실에 불만을 가진 사람이 자연스럽게 이직할 곳이 나타나야 하는 것이고, 그것이 실현되었을 때 '잘되었구나' 하는 느낌이 들어야 하는 것이다. 첫째는 자연스러운 직업이동이다. 그렇지 않으면 현실적으로 큰 고통이 뒤따른다.

어떤 사람은 큰 고통을 감수하며 직업을 바꾸고 성공하는 경우도 있다. 하지만 그런 사람은 운이 좋았던 것뿐이다. 애써 바꾸고 성공에 이르게 된 것은 운명이 그렇게 되어 있었다는 뜻이다. 사람들이 바라는 것이 바로 이것이다. 이왕이면 큰 고생 없이 자연스럽게 새로운 직업이 저절로 나타나고, 그것으로 갈아탔더니 순풍에 돛단 듯 성공하는 것 말이다. 눈치 챘겠지만, 이는 노력이나 생각으로 되는 일이 아니다.

나를 예로 들어보면, 나는 한평생 많은 노력을 했고 많은 생각을 했으나 번번이 실패했다. 그 모든 것이 자연스럽지 않기 때문이었다. 지금도 이제껏 생각조차 해보지 않은 엉뚱한 곳에서 헤매는 중이다. 이제 좋은 운명을 기다릴 나이도 지난 것 같다. 나는 그렇지만, 아직 기회가 있는 많은 사람들은 좋은 운명을 기다릴 필요가 있다. 아니, 그런 운명을 스스로 만들어야 한다.

운명을 바꾸고 싶은가? 지금 이 상황이 싫은가? 자연스럽게 새로운 인생이 나타나기를 바라는가? 이런 사람이 찾아다녀야 할 곳은 어디일까? 그런 운명을 만날 수 있는 곳에 찾아가야 한다. 운명은 다른 사람을 통해서 나타나기도 하고, 또는 스스로의 머릿속에 나타나기도 할 것이다. 그러나 장소의 기운을 받아 시동을 걸어야 한다.

택화혁

먼저 《주역》의 괘상을 찾아내자. 택화혁澤火革이란 괘상이 있다. 이는 혁신, 급변이라는 뜻이 있다. 이런 괘상의 징조(장소)를 만나면 운명도 변하는 법이다. 그런 장소는 좁은 장소인데, 지하실도 같은 의미다. 넓거나 좁은 것은 상대적인 의미라서, 넓은 곳이라 해도 사람으로 꽉 찬 공간은 좁은 곳으로 분류된다. 사람이 붐비는 곳으로 가면 좋다는 뜻이다.

세상에는 그런 장소가 얼마든지 있다. 햇빛이 잘 들지 않는 장소 역시 비록 면적이 넓다고 해도 좁은 장소에 해당된다. 데모 군중으로 가득 찬 거리도 무조건 좁은 장소다. 지하철이나 버스 내부가 혼잡하면 그곳도 좁은 장소다. 사람이 가득 들어찬 식당도 마찬가지다. 좁을수록 좋다.

세상에서 가장 좁은 곳이 어디일까? 바로 감옥이다. 현재가 너무 불만스러워서 미칠 지경이라면 감옥에 가는 것도 나쁘진 않다. 너무 극단적인 것 아니냐고 반문하겠지만, 어쨌건 선택은 본인의 몫이다. 이 문제는 다른 식으로 해석하면 된다.

어떤 사람이 실수로 감옥에 갔었다. 그가 정말 뭘 잘못해서 간 게 아니라 누명을 쓰고 감옥에 간 것이다. 그런데 그는 그곳에서 변화의 운명을 맞이하게 되었다. 하지만 그렇다고 해도 일부러 감옥을 찾아갈 필요는 없지 않을까? 좋은 방법이 있다. 면회를 가면 된다. 아니면 위문품을 전달하러 감옥을 방문해도 좋다.

감옥이 좀 부담스럽다면, 집 안에서 가장 좁은 공간을 찾아보자. 다락방이 있다면 확실히 좋다. 요즘은 다들 아파트에 사니까, 집에 다락방이 없다면 싸구려 여인숙이나 가장 싼 고

시원에 찾아가는 것도 좋다. 그런 곳은 충분히 좁고 값이 싸서 한두 달 정도 묵으면 효과를 볼 수 있다. 여인숙은 특히 운명을 바꾸기에 좋은 곳이다. 실제로 내가 해보았더니 효과가 확실히 있었다. 추천하고 싶은 장소다.

그 외에는 어떤 장소가 있을까? 포장마차 속도 괜찮다. 아주 좁은 커피숍도 있다. 사방이 산으로 둘러싸인 곳에서 길을 잃어버리는 것노 좁은 상소에 있다는 뜻과 같다. 무삭성 산속으로 들어가 보는 것도 운명을 변화시키는 방법이 된다. 좀 위험하긴 하지만, 그런 위험하고 좁은 곳일수록 운명을 변화시키는 효과가 크다.

위험하지 않고 좁은 장소는 얼마든지 있다. 주변에서 찾아보고 그곳에 자주 가보기 바란다. 다만 변화가 너무 심해지기 시작하면 좁은 장소는 그만 다녀야 한다. 그렇지 않은 경우라면 퇴근 후에 좁은 장소만 찾아다녀 보는 것도 권할 만하다.

19

준비된 행운을 당겨오는
운명의 스위치

예로부터 "큰 부자는 하늘이 만들고, 작은 부자는 인간이 만든다"는 말이 있었다. 이 말은 일리가 있지만 그렇다고 절대적인 것은 아니다. 예전에는 부자가 되려면 시간이 많이 걸렸고 부자가 되는 방법도 아주 드물었다. 하지만 오늘날은 모든 것의 속도가 빨라졌고 부를 얻는 데도 무한히 많은 방법이 존재한다.

수년간 세계 부자 순위 1위에 오른 빌 게이츠만 하더라도 그렇게 많은 돈을 버는 데 많은 시간이 걸리지 않았다. 옛날 같으면 몇 대에 걸쳐, 수백 년 동안 부를 축적해야만 그런 부자가 될 수 있었는데, 요즘 시대에는 한 개인의 노력에 의해 혹은 운에 의해 얼마든지 큰 부자가 될 수 있는 환경이 되었다. 기회도 많고, 소비자도 많고, 속도도 엄청나게 빨라졌기 때문이다.

그래서 큰 부자는 하늘이 만든다고 말해서는 안 된다. 이제는 누구든지 큰 부자가 될 가능성은 열려 있는 것이다. 큰 부자가 아니라도 좋다. 오늘날 작은 부자도 옛날의 큰 부자에 해당되는 것이니 큰 부자든 작은 부자든 부자가 되는 꿈을 버리지 말아야 할 것이다.

문제는 어떻게 부자가 되느냐다. 이 문제를 해결하기 위해 지금의 여러분 자신을 먼저 생각해보자. 여러분은 어떻게 해서 현재 이 자리에 와 있는가? 이는 간단하다. 시대가 그렇게 만들었다. 요즘은 거의 모든 사람이 성년이 되면 혹은 대학을 졸업하면, 무엇이라도 빨리 일자리를 잡아야 한다. 오래 생각할 겨를이 없다는 뜻이다. 자칫 몇 년을 그냥 허비해버리면 취직할 기회를 놓치고 만다. 그러다 보니 닥치는 대로 눈앞에 있는 일자리를 향해 돌진하는 것이다. 대부분의 젊은이들이 그렇다.

이런 현실 속에서 누구인들 부자가 되기 위해 차분히 생각하며 위대한(?) 일자리를 선택할 기회가 있었겠는가! 지금까지는 어쩔 수 없이 현실에 떠밀려 왔다고 봐도 무방할 것이다. 물론 특별히 운이 좋아 크게 성공한 사람들도 있다. 그런 사람들은 마치 자신이 미래를 내다본 것처럼 얘기한다. 그러나 운일 뿐이었다. 물론 여기서 말하는 운이란 하늘이 준 운이라기보다 자신이 좋은 운을 선택했다는 뜻이다.

요즘은 세상이 좋아져서 그런 운을 만날 기회가 아주 많다. 하지만 지금 그저 그런 위치에 있는 사람은 좋은 운을 만날 많은 기회를 놓쳤다는 뜻도 된다. 과거부터 지금까지는 그랬다는 것이다. 실망하라고 하는 이야기가 아니다. 누구라도 기회가 얼마든지 많다는 것을 얘기하려는 것뿐이다.

그렇다. 기회는 참으로 많다. 100년 전만 해도 부자가 될 기회를 찾아보기 힘들었다. 그 당시는 부자는커녕 살아남기조차 힘든 세상이었다. 하지만 지금의 세계는 성공의 기회가 무한하고 다양하다. 그리고 한 사람의 행동이 가질 수 있는 파급효과가 엄청나게 커졌고, 그야말로 순식간에 온 세상으로 퍼져나간다. 이 때문에 부자가 될 가능성은 예전에 비해 100배 아니 1,000배나 높아진 것이다.

지금의 내 모습으로 만든 것은 과거의 상황들이다. 그때는 기회가 없었고 선택할 수 없었기 때문에 부자가 되지 못한 것이다. 그러나 지금은 차분히 생각할 기회가 있다. 현재 적당한 자리에 있다 해도, 얼마든지 다시 생각해볼 기회가 있다는 뜻이다. 무조건 현재의 자리를 박차고 뛰쳐나가라는 말이 아니다. 천천히 자연스럽게 새로운 희망을 품고 살아가라는 것이다. 그리하여 틈틈이 기회를 노리면서 여러 방향으로 탐색을 해봐야 한다. 눈에 불을 켜고 바쁘게 찾아다니라는 것은 결코 아니다. 현재 하는 일에 충실하면서 종종 틈이 나면 생각해두라는 말이다.

변화의 첫 시작을 도와주는 방아쇠

여기서 한 가지 궁금한 것이 있을 것이다. 과연 틈틈이 생각만 한다고 해서 행운의 문이 열릴 것인가? 행운의 문은 어떻게 열리는가? 이 문제는 예를 들어 설명하겠다. 시동이 걸리지 않아서 자동차를 밀어본 적이 있는가? 아니면, 주차장에서 내 차 앞에 평행으로 주차된 남의 차를 밀어본 적이 있는가? 처음엔 차가 잘 안 움직인다. 그래서 처음엔 힘을 많이 주어야 하는데 일단 차가 조금이라도 움직이면 그다음부터는 쉽게 밀 수 있다. 무슨 일이든 처음 움직일 때는 힘이 많이 드는 법이다. 나한테 관심 없는 여자의 마음을 얻으려 할 때도 처음엔 몹시 힘들다. 그러나 상대방이 한 번 반응을 보이면 그다음부터는 쉽게 풀려 나간다.

가만히 있던 것을 움직이게 하는 힘을 자연과학에서는 '구동토크'라 부른다. 물리적인 힘만 해당되는 이야기가 아니다. 감정도 구동토크가 있다. 조금 화가 나는 일이 있어도 처음에는 잘 참는다. 그러다 어떤 임계치를 넘어서면 화산이 터지듯 분노가 폭발한다. 구동토크는 쉽게 말해 '방아쇠'인 것이다. 운명이란 것도 처음 움직이는 것이 힘들 뿐이다. 일단 움직이기 시작하면 이상하리만치 잘 풀려나가는 것이다. 나도 이런 경험을 해본 적이 있는데, 그럴 때는 누가 봐도 안 될 일인데 척척 풀려나가곤 했다.

나는 운명전문가로서 일단 누군가의 운명이 조금씩 풀려나가는 것을 보면 그에 대해서는 크게 걱정하지 않는다. 운명이 좋은 쪽으로 조금이라도 움직이기 시작했다면 당장은 어려워 보이는 일도 잘 풀리게 되어 있기 때문이다. 실제로 그런 일을 자주 경험하기도 했다. 절대 안 될 것 같은 상황인데도 나는 될 거라고 확신하며 기다렸는데, 정말로 일이 되어가는 것을 보고 흐뭇해했다. '그러면 그렇지!' 하면서 말이다. 운명이 움직일 때는 엉뚱한 일도 생겨 성공을 도와준다. 이럴 때는 마치 하늘이 일부러 성공시키려고 작정한 것 같다고 느껴진다.

요점은, 운명을 처음 움직이게 하는 힘이다. 앞에서 말한 '구동토크', 즉 방아쇠 말이다. 운명은 아무리 준비를 완벽하게 해놓은 사람이라도 방아쇠를 당기지 않으면 작동하지 않는 법이다. 운명이란 그 모든 흐름을 오롯이 그 사람이 혼자 애써 준비할 필요는 없는 것이다. 그는 그저 방아쇠를 잘 당기기만 하면 된다. 이것은 일종의 행운의 스위치라고 할 수도 있는데, 이것은 새로운 세계로 가는 통로를 여는 장치다. 모든 것이 이미 준비되어 있다는 것, 운명이란 원래 그런 것이다.

　　하지만 우연이든 필연이든 사람이 그 스위치를 누르지 못하면 준비된 운명은 전개되지 않는다. 그렇기 때문에 인간에게는 노력도 중요하지만 좋은 운명을 찾아가려는 의지도 필요하다. 다시 말하지만 중요한 것은 운명을 움직이게 하는 방아쇠를 당기는 것이다. 그 후에 우리를 기다리고 있는 운명은 무수히 많다.

뇌지예

　　이제 그 방아쇠를 당겨 운명을 작동시키는 방법을 알아보자. 《주역》의 괘상에 뇌지예雷地豫라는 것이 있는데, 이것은 잠자고 있던 대지가 일어난다는 뜻이다. 잠잠하던 운명이 열린다는 의미다. 전쟁이 일어난다거나 사업이 갑자기 잘된다거나 오랜 병에서 회복되는 것도 모두 이 괘상이 상징하는 것이다. 우리는 그런 힘을 영혼에 주입시키는 장소를 찾아가야 한다.

결국 전쟁은
운수좋은 장수가
이긴다

흙먼지가 많이 일어나고 있는 땅이 바로 그곳이다. 마스크를 쓰고 숨어서 이를 바라보면 된다. 거리에서 음악소리가 많이 나는 곳도 같은 뜻인데, 이왕이면 드럼소리가 많이 나면 아주 좋다. 박수소리가 나는 장소도 그와 같은데, 박수 치는 사람이 많을수록, 소리가 더 클수록 좋다.

춤을 추고 있는 것을 보거나 직접 춤을 추면 최고로 좋다. 춤을 추는 것은 대체로 운명에 유리하다. 새로움으로 나아간다는 뜻이 있기 때문이다. 그런데 춤이라고 해도 민속춤 같은 점잖은 춤은 효과가 적다. 격렬한 춤이 좋다. 브루스보다는 디스코가 좋은 것이다. 그런 면에서 여자가 하이힐을 신고 소리 내며 걷는 것을 보면 좋다(운동화는 안 된다). 음악을 듣는다면 행진곡이 좋다. 또한 사람이 달리기 운동을 하는 것을 봐도 뇌 지예의 쾌상을 바라보는 것이다. 이런 순간을 보면 영혼은 새로움을 만들고 싶어 한다. 새벽에 산책을 하는 것도 좋은데, 반드시 고요한 곳에서 해야 한다.

20

좋은 기운을 흡수하고
보충하는 법

지인 중에 H라는 사람이 있는데, 그는 취미로 사진을 찍었다. 주로 아름다운 경치를 찾아다니며 찍었는데, 솜씨가 대단히 좋아서 가히 전문 사진작가 수준이었다. 그러나 그는 자신의 작품을 어디에 출품하지는 않았다. 그저 취미생활이기 때문이라고 말했다. 본업이 따로 있어서 사진 찍는 일로 돈을 버는 것이 아니었기 때문이다. 그런데도 그는 사진 찍는 일에 거의 필사적으로 매달리곤 했다.

나도 한번 따라가 봐서 알게 되었는데 사진 찍는 일이 보통 일이 아니었다. 그저 멋진 경치가 있으면 아무렇게나 셔터를 눌러 한 방 찍는 그런 것이 아니었다. 가장 멋진 장면이 연출되는 시간을 찾기 위해 산속에서 온종일 기다리기도 하고, 같은 곳이라도 바라보는 각도에 따라 경치가 다르게 보이므로 이곳 저곳 험한 길도 마다하지 않고 마음에 드는 화각을 잡기 위해 시간과 에너지를 쏟아부었다. 나도 처음에는 여기서 찍으나 거기서 찍으나 비슷하지 않을까 하고 생각했는데, 막상 H가 보여주는 방향으로 다시 살펴보니 경치가 한결 돋보였다.

그는 절경을 세심하게 관찰하면서 위치를 선택하고 시간도 선택했다. 그의 말에 의하면 요즘은 카메라가 워낙 좋아져서 대충 찍어도 잘 나오지만, 그래도 전문가의 눈으로 보면 차이가 난다고 했다. 특히 장소와 시간을 선택하는 것은 아주 어려운 일이라고 말했다.

H는 좋은 경치를 찾아 전국 방방곳곳을 방문하곤 했는데, 한 번 갔던 곳도 다시 찾아가 찍는 각도와 빛의 양 등을 연구했다. 그는 아름다운 경치를 보면 마치 맛있는 음식을 앞에 둔 사람처럼 입맛을 다시며 만족한 표정을 짓곤 했다.

경치라는 것은 그것을 발견하고 바라보는 사람의 소유다. 경치를 바라보는 시간이 짧을 수도 있고 길 수도 있지만, 그 순간만큼은 그 경치가 온전히 그 사람의 영혼 속에 깊이 주입된다. 관찰이란 것이 다른 게 아니다. 밖에 있는 광경을 안으로 옮겨놓는 작업일 뿐이다. 같은 경치라 해도 보는 사람의 능력에 따라 안으로 옮겨진 모습은 천차만별이다. 이것은 풍경이 영혼 속으로 주입되기 전에 감정을 조절하는 능동적인 작업에 영향을 받는다.

그래서 경치를 감상하는 것은 창조적인 능력인 셈이다. H는 바로 그런 능력이 훌륭한 것 같다. 그는 별로 대단할 것도 없는 사람인데 사진을 찍는 그 순간만큼은 위대해 보인다. 어쨌거나 이 이야기를 하려고 H 얘기를 꺼낸 것은 아니다. 도대체 경치란 무엇일까? 이것이 이번 장의 핵심이다.

경치란 그 누구나 일생을 통해 바라보는 것인데 그것의 진정한 의미는 무엇인가? 평소에 깊이 생각해본 적이 있는가? 아마 없을 것이다. '경치가 경치지 뭐' 하고 생각해왔을 것이다.

《주역》의 괘상을 통해 '경치'의 뜻을 알아보자.《주역》은 만물의 뜻을 규명하는 학문으로써 일단 괘상이 만들어지면 그 안에 뜻이 드러나게 되어 있다. 경치는 아름다움과는 상당히 다른 개념이다. 예쁜 꽃을 보면 사람들은 "예쁘다"고 말하지 "경치가 좋다"고 말하지는 않는다. 경치란 큰 규모의 아름다움이다. 그리고 그 아름다움에 꽃이 등장할 필요도 없다. 이토록 자세히 얘기하는 이유는, 괘상으로 만들어진 만물의 뜻에 담긴 깊이를 느껴보라는 것이다.

천화동인

경치를 표상해보자. 이는 천화동인天火同人이라는 괘상으로 나타낼 수 있는데 우선 하늘 아래 아름다움이라는 뜻이 있고 또한 동지가 모여든다는 의미도 있다. 천화동인, 즉 경치가 좋은 장소는 동지를 많이 생기게 하는 힘이 있는 것이다.

실제 H는 아는 사람이 참 많았다. 특별히 매력적인 구석이 별로 없는데도 그토록 많은 사람들이 H를 따랐다. 나는 그 이유가, H가 좋은 경치를 많이 보고 다녔기 때문이라고 본다. 그렇게 볼 수밖에 없다. 게다가 사람이 많이 따르는 사람은 운명도 잘 풀리게 되어 있다. 건강도 좋아지고, 유망한 사업의 기회가 끊이지 않는다. 이외에도 많은 이점이 있는데 H는 그 모든 것을 얻은 것 같다.

그런데 어느 날 이변이 생겼다. H가 갑자기 사진 찍는 일을 그만두었다. 이유는 모르겠으나 그저 재미가 없어졌다는 것이다. 사진이 재미없다는 뜻인지 경치가 재미없다는 뜻인지는 모르겠다. 어쨌건 그는 경치를 찾아다니며 사진 찍는 일을 그만두었다. 그 후로 세월이 조금 흘렀고 운명의 변화가 나타나기 시작했다.

주변에 모여들었던 사람이 하나둘씩 사라져 마침내 H는

외로운 처지가 되었고, 잘나가던 사업도 차츰 망하게 되었다. 그리고 아직까지 회복하지 못하고 있다. 이에 대해 나는 장담할 수 있다. 그가 과거에 좋은 경치를 보면서 생긴 천화동인의 운이 다했다고….

장소운이란 이런 것이다. 한 번 봤다고 해서 그것이 영원할 수는 없는 것이다. 우리의 마음, 즉 영혼도 그 장소에서 얻은 기운을 잊어버릴 수 있다. 세월이 갈수록 소모되기 때문이다. 이는 우리 몸의 영양소의 원리와 완전히 닮아 있다. 비타민이나 영양제를 매일 꾸준히 먹어야지 딱 한 번만 먹으면 효과가 거의 없다. 오늘 먹은 비타민은 하루 동안 몸에서 쓰이고 나면 없어지기 때문이다.

장소의 효능도 마찬가지다. 어떤 장소에서 어떤 힘을 얻었다고 할 때, 그것은 일단 방아쇠로 작용하고, 또한 어느 정도의 지속력은 남아 있을 것이다. 그러나 그것이 영구적일 수는 없다. H는 무슨 이유인지 몰라도 좋은 경치를 찾아다니며 보는 일을 그만두었고, 그 때문에 운명의 변화를 맞이했다고 봐야 할 것이다. H에게는 특히 좋은 경치에서 얻던 기운이 많이 필요했을 텐데, 그것을 그만두자 즉시 운명에 영향이 나타난 것 같다. 그는 지금 사람들로부터 외면당하고 있기 때문에 재기하기가 몹시 힘든 상황이다. H가 다시 상황을 역전시키기 위해서는 예전으로 돌아가야 한다. 즉 좋은 경치를 찾아다녀야 한다는 것이다.

장소의 운을 얼마나 받아들이느냐는 영혼의 각인능력에 달려 있다. 그리고 그 운은 소모되기도 하고 보충되기도 한다. 그러니 장소의 기운을 받아 운명을 고쳤다 해도 한동안은 그 장소에 자주 찾아가기를 중단하지 말아야 한다. 어떤 장소 덕분에 좋은 운이 생겼다면 그곳에 계속 찾아가 운을 유지하는 것이 뭐 그리 어렵겠는가! 좋은 장소에서 좋은 운을 얻었다면 그 장소를 평생 잊지 말고 종종 다녀야 할 것이다. 모든 운은 장소에서 나온다는 것을 절대 잊어서는 안 된다.

21

더 큰 명예가
필요하다면

내가 아는 어느 부자는 돈이 어마어마하게 많은 재벌인데도 국회의원이 되고 싶어 한다. 나로서는 이해가 잘 안 된다. 재벌이면 이 세상에서 가질 수 있는 것 중 최상을 가진 것 아닌가? 그 위에 무엇이 더 필요할까! 재벌인 그는 말한다. 명예가 필요하다고…. 글쎄? 국회의원이 명예로운 직업일까? 많은 사람이 그 자리를 열망하는 것은 사실이지만.

그런데 요즘 우리나라 사람들은 국회의원이라면 욕부터 한다. 국회의원을 좋은 사람이라고 생각하는 사람은 아마 거의 없을 것이다. 대부분의 사람들이 국회의원을 싫어하는 이유는, 국가에 봉사하는 숭고한 업무를 게을리하고 대신 자기가 가진 직책을 이용해 권력행사를 하거나 사적인 이익을 취하기 때문이다. 개중에는 국가운영을 위해 헌신적으로 노력하는 사람도 있기는 하겠지만, 그런 사람의 수가 너무 적고 그 노력의 효과가 미미한 것이 문제가 아닐까?

내 생각에 우리나라는 구조적으로 한두 사람의 국회의원이 좋은 마음을 품고 국가를 위해 정의로운 일을 할 수가 없다. 소수의 특정인에게 국가의 권력이 집중되어 있기 때문이다. 그래서 국회의원이란 남에게 보이기만 그럴듯한 자리라고 나는 생각한다. 명예라니? 그 자리가 어째서 명예로운 자리일까! 만약 국회의원에게 권력이 전혀 없다면 그들이 국회의원이 되려고 그토록 노력했을까? 좌우간 이 문제는 여기서 더 얘기할 필요가 없을 것이다.

그렇다면 명예를 얻고 싶은 사람은 어떤 일을 해야 할까? 세상에 진짜 명예로운 일이 있기는 할까? 있다. 예를 들어 올림픽에 나가 금메달을 땄다고 하자. 그것은 분명 명예로운 일일 것이다. 국가로부터 '의인義人'이라는 공식적인 칭호를 받으면 그것 역시 명예라고 할 수 있다. 사람이 의롭게 산다는 것은 인생의 큰 목표 중에 하나일 텐데 국가까지 인정해준다면 어찌 명예가 아니겠는가! 물론 그는 표창을 받기 위해 그런 일을 한 것은 아니다. 그들은 무심히 좋은 일을 했을 뿐이다. 국가는 그것에 감사하다는 자그마한 보상을 해준 것뿐이다.

도인들은 누가 알아주는 것을 원치 않는다. 오로지 스스로 완성의 길을 향해 묵묵히 걸어간다. 남이 알아주길 바라서 그런 고된 수련을 하는 것이 아니라는 뜻이다. 공자는 이렇게 말한 바 있다. "아침에 도를 들으면 저녁에 죽어도 좋다朝聞道夕死可矣." 명예는 아예 생각도 하지 않고 오로지 실질만을 중시하는 것이다.

물질적으로 충분히 갖춘 사람이 거기다 명예까지 원한다면 이는 과한 욕심이 아닐까! 연예인이라면 명예(인기)가 중요할 것이다. 그들은 그것으로 살아가니까 말이다. 하지만 단순히 명예만을 위한 명예는 명예도 아닐뿐더러 그것을 위해 애쓰는 것은 시간낭비라고 생각한다. 나는 딱히 명예를 얻은 적도 없지만, 그것을 원해본 적도 없다. 그저 내 스스로 만족할 수 있는 공부가 중요했다. 다만 돈이 좀 많았으면 하고 꿈꾸어본 적은 있다. 하지만 이 또한 솔직히 말하면 형편없었다. 그 점을 아쉬워한 적도 있었지만 명예가 아쉬운 적은 단 한 번도, 꿈에서도 없었다.

세상엔 분명 명예로운 것이 있기는 하다. 가령 노벨상을 받는다면 이는 엄청난 명예일 것이다. 그러나 노벨상도 그 업적 자체가 위대하고 명예로운 것이지 꼭 상을 받아야만 명예로운 것은 아니라고 본다. 내 얘기를 많이 해서 미안한데, 좌우간 명예를 얻고 싶다면 먼저 그것을 어디에 쓸 것인지를 잘 생각 해봐야 한다.

만약 무인도에서 평생 살기로 한 사람이라면 명예가 있어 봐야 어디 쓰겠는가? 혹여 무인도까지 가지 않아도 주위 사람 들과 교류를 끊고 사는 사람이라면 저 혼자 방 안에서 명예를 누릴 것인가! 명예란 내가 잘난 것을 남이 알아주는 것에 불과 하다. 봐줄 사람이 없으면 명예는 정말 쓸모가 없는 것이다.

앞서 언급한 의인이 말했다. 자기는 인명을 구했다는 것에 만족할 뿐이지 그 대가로 주어지는 상금이나 명예는 필요 없 다고. 그는 뭔가 바라는 것 없이 그저 인간으로서 좋은 일을 했다. 필요에 의해 명예를 얻고자 하는 사람은 명예를 얻었다 해도 진짜 명예가 아니므로 오래갈 수 없고 사람들로부터 인 정받지 못할 수도 있다. 그래서 나는 앞에서 말한 그 부자에게 (워낙 많은 돈을 가져서 세상에 못할 것이 없는 사람이니) 공허한 명 예를 추구하는 것보다 내실內實을 가꾸라고 권했다. 가령 인격 을 연마한다거나, 보이지 않게 남을 돕는다거나….

그런데 배우나 운동선수들은 좀 다르다. 아무리 잘났어도 명예가 없으면 인생 자체가 흔들린다. 그래서 그런 사람은 반드시 명예로워지기를 나는 간절히 바란다. 배우 중에도 실력은 있는데 명예가 없어서 괴로운 사람이 있을 것이다. 평생 그렇게 살아가기도 한다. 꼭 필요한 명예는 없고, 그렇다고 돈이 있는 것도 아닌 사람… 이런 사람은 반드시 명예를 얻어야 한다.

사람에게는 명예운이라는 것이 분명히 있다. 명예운이 없는 사람은 명예를 얻을 수 없다. 명예의 성격상 실력보다 운에 의존하는 경우가 훨씬 더 많기 때문이다. 물론 어느 정도 실력은 있어야 하겠지만, 실력만으로 얻어지지 않는 게 바로 명예다. 이는 운명이 좋아야 가능한 일이다. 명예운을 좋게 만드는 장소는 어떤 곳일까?

화풍정

먼저 《주역》의 괘상을 살펴보자. 화풍정火風鼎이란 것이 있다. 이 괘상은 '한 송이 꽃'이라는 뜻인데 아름다운 결실을 의미한다. 인생에서 아름다운 결실이 없다면 참으로 허허롭고 슬플 것이다. 명예가 있어야 행복한 사람에게는 이 괘상의 섭리가 영혼 속으로 스며들어야 한다. 꽃이 만발한 곳이 바로 그러한 장소다. 경기도 구리시에 가면 코스모스 공원이 있는데 광대한 들녘이 온통 꽃의 바다다. 그런 곳에 가면 명예의 기운을 얻을 수 있다.

그토록 광대한 곳이 아니라도 화원에 자주 찾아가거나, 집에 꽃꽂이를 해두어도 좋다. 화풍정이라는 괘상은 반드시 꽃만을 의미하는 것은 아니다. 위대한 완성도 같은 뜻이 있다. 가령 잘 만들어진 조각이 바로 그런 뜻이다. 꼭 웅장할 필요는 없지만 조잡한 조각품이면 안 된다. 전시회에 가면 훌륭한 조각품이 있고, 박물관에 가면 그야말로 위대한 조각상이 있다. 그런 곳에 자주 찾아다니면 명예운이 생길 것이다.

한복을 잘 차려입은 여자들이 모여 있는 곳도 같은 의미다. 결혼식장에 가서 신랑신부의 모습을 보는 것도 좋다. 그리고 꼭 명심해야 할 것은, 명예를 추구하고자 하는 사람은 쓰레기가 많은 곳에 가면 안 된다는 것이다. 그런 곳은 영혼이 명예를 떠나보낸다. 아름다운 무용 공연을 많이 보는 것도 명예운을 가져다준다. 다만 혼잡한 나이트클럽의 춤은 효과가 없다. 단정하고 완결된 아름다움이 구현되는 장소가 필요하다.

22

어려운 소원이
이루어지기를 바란다면

이 세상은 근심걱정으로 가득 차 있다. 누구에게나 크고 작은 걱정거리들이 있다. 모든 사람이 문제없이 다 행복하다면 세상은 천국이고 낙원일 것이다. 하지만 우리는 아직도 해결해야 할 일, 이룩해야 할 일이 많은 세상에서 살고 있다. 개인적으로나 사회 전체로 볼 때 말이다. 그나마 오늘날은 상당히 살기 좋은 세상이다. 무엇보다 사회가 갖고 있는 힘이 극대화되어 있기 때문이다. 물론 아직도 인간의 힘으로 풀지 못한 어려운 문제는 무수히 많다. 그러나 인류가 발달함에 따라 많은 문제들이 속속 해결되어 나갈 것이다. 나는 그런 날이 빨리 오기를 기대하면서 이 장을 쓰고 있다.

여기서는 특별한 얘기를 해보려고 한다. M은 아주 착실한 성품으로 튼튼한 직장에서 성실히 일하고 있다. 직장에서 평판도 좋고, 원한다면 정년도 보장되어 있었다. 그런데 M은 현재의 직장을 싫어하고 있다. 그래서 그는 늘 직업을 바꾸고 싶어했는데, 나는 그러지 말라고 권고해주었다. 그가 다른 일로 성공할 것 같지가 않아서였다.

그는 현재 편안하게 살고 있는데도 직업에 대한 불만이 이만저만이 아니다. 수입이 적어서도 아니고, 직장에서 대인관계에 문제가 있는 것도 아니다. 그저 그 직장이 심심하고 재미가 없다는 것이 이유다. 나는 M에게 그것은 직장의 문제가 아닌 스스로의 정서적인 문제라고 얘기해주었다. 그랬더니 그는 속사정을 털어놓기 시작했다. 이 문제는 비밀이라면 비밀이지만 남들이 알면 오히려 더 좋은 문제이기 때문에 여기에 소개하는 것이다.

M에게는 올해 15세가 된 아들이 있다. 그런데 그 아들에게는 거대한 불행이 기다리는 중이다. 인류가 감당할 수 없는 문제인데, 나는 이 문제를 더 많은 사람에게 알려 해결되기를 기대한다. 세상에 어떤 어려운 문제는 많은 사람이 애처롭게 생

각하고 기운을 보내주면 해결될 수도 있다.

　M의 아들에게는 치명적인 유전병이 있다. 앞으로 15년 후면 실명하는 병이다. 아이가 30세가 되는 때인데 이는 '실명할 수도 있다'는 가능성이 아니라 의학적으로 완전히 판정이 끝난 문제라고 한다. 하지만 현대 의학으로는 어떻게 손쓸 방법이 없다는 것이다. 참으로 가혹한 운명이 아닌가. 나는 그 이야기를 듣고 분노를 느꼈다. 도대체 의학자들은 무엇을 하고 있단 말인가! 좀 더 분발하여 기필코 치료방법을 연구해내야 할 것이다.

　그렇다 보니 현재 M의 고통은 이루 말할 수 없는 지경이다. 아들은 아무것도 모른 채 열심히 공부하며 쑥쑥 자라고 있다. 이토록 끔찍한 운명에 대처할 방법은 무엇일까? 인간의 지혜와 노력을 다해서 해결할 수 없다면 이는 장소의 힘을 빌려 운명적으로 해결할 수밖에 없다. 다만 여기서 한 가지 설명해둘 것이 있다.

　현재 M의 아들은 희망이 없다. 그러나 인류는 그 병을 포함한 많은 난치병에 대해 해결책을 연구하는 중이다. 그중의 하나가 유전치료라고 하는 것인데 여기서 성과가 나올지도 모른다. 또한 줄기세포를 활용하는 방법도 있는데, 이것도 인류에게 서광을 비추고 있다. 이 모든 것은 이 아이의 운명인 동시에 인류 전체의 운명이다. 나는 이러한 염원이 성취되기를 기원하는 마음으로 운명에 기운을 주는 장소에 대해 얘기하는 것이다. M이 아들의 장래를 염원하며 그곳을 열심히 다니면 그로 인해 인류의 행보가 더욱 빨라질지도 모를 일이다. 나는 그렇게 믿고 있다.

화지진

먼저 《주역》의 괘상을 보자. 화지진火地晉이란 것이 있는데 이는 세상을 밝히는 전진을 뜻한다. 또한 어려운 소원이 성취되는 것을 의미한다. M에게 딱 맞는 상황이다. M과 비슷하게 이런저런 가혹한 처지에 놓인 사람에게 희망을 주는 장소는 어디일까? 화지진의 장소는 바로 넓은 벌판인데, 거기에서 아침을 맞이하는 것이 좋다. 청명한 날에 동쪽을 바라보면 태양이 떠올라 대지를 밝히는 순간을 만날 수 있다. 새벽부터 나가서 태양이 떠오르는 것을 기다려야 한다. 반드시 밝은 태양을 봐야 한다. 넓은 운동장에서 풍선을 띄우는 행사를 봐도 좋다. 화지진의 장소에 오래 머무르는 사람은 화지진의 기운을 얻을 수 있을 것이다.

23

지지부진한 사업을
크게 성공시키려면

W는 자그마한 개인사업을 한다. 규모 자체가 그리 크지 않아서 큰돈을 벌 수는 없는 사업이다. 그래서인지 W도 먹고살 정도만 벌면 된다고 생각한다. 현재 겨우겨우 지탱하고 있는데, 뭔가 일이 좀 될 만하면 침체되고, 또 너무 안 돼서 사업을 접을까 생각하면 웬일인지 그때부터 잘되곤 했다. 지난 10년 동안 늘 이런 패턴이 반복되었다. 그러니 돈을 번 것도 아니고 망한 것도 아니다. 그저 그 사업을 겨우 유지하고 있을 뿐이었다.

결국 전쟁은
운수좋은 장수가
이긴다

164

다행히 사업 때문에 빚을 지거나 하지는 않았다. 단지 수입이 적어서 투자해야 할 곳에 돈을 쓰지 못하니 늘 제자리걸음이었다. 참으로 답답한 일이 아닐 수 없다. 오늘이라도 당장 그만두려고 하면 신기하게도 다시 상황이 좋아지니 그만둘 수도 없었다. 마치 운명의 신이 장난을 치는 것 같았다. 그런데 W는 돈을 떠나서 이 일을 아주 좋아한다. 당초 큰돈을 벌려고 시작한 것도 아니다. 그저 겨우 생활만 할 수 있으면 그만이라고 생각했고, 그 일 자체가 행복했기에 더더욱 그만두지 못했다.

당장 그 일을 접는다 해도 마땅히 떠오르는 새로운 사업도 없고, 또한 새로운 사업이 잘된다는 보장도 없다. 공연히 하던 사업만 망칠 뿐이다. 그 일이 좋긴 하지만, 여전히 운명의 장난은 계속되고 있다. 될 만하면 안 되고, 안 돼서 포기할 만하면 갑자기 잘되고…. 이런 것을 울며 겨자 먹기라고 했던가! 이럴 수도 저럴 수도 없다.

이런 상황은 당연히 운명 때문이고, 해결 또한 그리 어렵지 않다. 운명을 조금만 보충하면 된다. W는 적어도 현재 완전히 망하는 운명에 들어선 것은 아니다. 이것이 희망이다. 망하지 않고 있으니 희망이 있다는 것이다. 단지 현상유지에 약간 부족할 뿐이다. 조금만 잘되면 F는 크게 행복해질 것이다. 일 자체를 좋아하고 거기서 보람을 느끼기 때문이다.

화뢰서합

화

뢰

《주역》의 괘상을 보자. 화뢰서합火雷噬嗑이란 것이 있는데 이 것은 앞에 장애가 있다는 뜻이고 또한 그것이 돌파된다는 뜻 이다. 사람이 많이 모여서 일을 해결한다는 뜻도 있다. W에게 필요한 것이 바로 이것이다. 괘상을 보면 위쪽에 화火가 있는 데, 이는 밝음, 보람이란 뜻이다. 아래에는 뢰雷로 이것은 군중 을 의미한다. 즉 군중이 모여 밝음으로 향한다는 뜻이다. 쉬운 말로 '장사가 잘된다'는 의미인 것이다. 이런 운명을 성취시키 려면 전통시장에 자주 가보면 된다. 먼 옛날 성인이 화뢰서합 괘상을 보고 시장이란 것을 만들었는데, 이곳은 행운을 일으 키는 장소이기도 하다.

실내에 사람이 모여드는 백화점하고는 뜻이 완전히 다르다 (백화점은 다른 운명을 유도한다). 하늘이 뚫려 있는 전통시장은 무언가에 막혀 있는 상황을 개선해준다. 비오는 날을 피해서 전통시장을 그저 걷기만 해도 된다. 영혼은 시장이 가진 화뢰 서합의 기운을 접수하고 새로운 운명을 향해 태동하는 것이다.

촛불집회가 열리는 장소도 같은 뜻인데, 반드시 명분이 옳 아야 한다. 그리고 행사가 낮에 이루어지는 상황이어야 한다. 확실히 옳지 않은 목적으로 사람이 많이 모여 있다면, 오히려 그런 곳에서는 좋은 운이 쇠하는 법이다. 맹자는 이렇게 말했 다. 좋은 기운은 의로운 곳에서 발생한다고….

결국 전쟁은
운수좋은 장수가
이긴다

전통시장은 상인들도, 손님들도 저마다 생업을 위해 열심히 일하는 곳이므로 확실히 운명을 개선하는 데 효과가 있다. 또 다른 장소로는, 조명이 아주 화려한 연회장도 있다. 위에서 밝은 빛이 내리는 넓은 곳이면 어느 곳이든 좋다. 화뢰서합 괘상은 희망(밝음) 아래 움직인다는 뜻이기 때문이다.

24

사기당하지 않고
내 것을 잘 지키려면

M이라는 여자는 도적놈이다. 수없이 나쁜 짓을 저질러왔다. 그중 그녀의 특기는 사기다. 평생 동안 거짓말을 해서 남의 돈을 빌린 후 갚지 않고 살아왔다. 이 여자는 자기가 아는 모든 사람으로부터 돈을 빌려 썼다. 말만 교묘하게 하면 남의 돈을 쉽게 쓸 수 있으니 애써 일을 하지도 않았다. M에게 돈을 빌려준 사람은 받아낼 방법이 없었다. M은 법이든 주먹이든 얼마든지 피해갔기 때문이다. M은 수십 명의 돈을 빌리고 떼어

먹었지만 편안히 잘 살고 있다. 오늘날 이렇게 사는 사람은 아주 많다. 그래서 착한 사람들은 늘 조심해야 한다. 주변에 늘 돈을 빌리려는 사람들이 서성대고 있기 때문이다.

H라는 남자도 도적놈이다. H는 원래 자영업을 하는 착실한 사람이었다. 그러던 중 사업상 필요해 주위 사람들에게 돈을 종종 빌리게 되었다. 처음엔 잘 갚았다. 그런데 사업이 침체되자 돈을 갚지 못하는 일이 생겼다. 이때부터 사업은 더 나빠졌다. 그래서 돈을 더 자주 빌렸는데 그러다 보니 못 갚는 일이 더 많아졌다. 결국 사업이 완전히 망해버렸고, 빌린 돈은 영영 갚을 수가 없게 되었다. 그 와중에 H는 인생의 비결(?) 하나를 터득했다. 빌린 돈을 안 갚아도 별 탈이 없다는 사실이다. 원래 세상이 그렇다. 빌린 돈을 안 갚아서 내 인생이 잘못되는 경우는 아주 드물다.

H는 뒤늦게 이 사실을 알고 그때부터는 본격적으로 돈을 빌리는 데 나섰다. 조금이라도 친분이 있으면 누구에게나 닥치는 대로 돈을 빌렸다. 처음에는 먼저 베풀고 환심을 산 후 큰돈을 빌리고 갚지 않는 수법이었다. 참으로 재미있었고 수입도 제법 많았다.

돈을 빌리는 데는 두 가지 방법이 있는데 하나는 동정심을 유발시키는 것이고 두 번째 방법은 호기를 부려 자신을 큰 인물로 부각시킨 다음 적당히 이익을 줄 것처럼 해서 돈을 빌리는 것이다. 여자인 M은 동정심을 이용했고, 남자인 H는 허풍을 떨어 사기를 쳤다. 두 사람 모두 잘나가고 있다.

나는 이런 도적놈들을 주변에서 많이 보았는데 그중에는 20대 아이들도 있다. 당한 사람도 부지기수인데, 지금 이 책을 읽고 있는 독자 여러분들도 아마 한두 번 정도는 누군가에게 돈을 빌려주고 돌려받지 못했을 것이다. 대부분의 사람들이 그런 경험이 있다. 선량한 척하며 돈을 빌려가고 갚지 않은 사람은 무조건 도적놈이라고 봐야 한다. 그들은 처음부터 돈을 안 갚아도 큰 문제가 없다는 것을 알고 접근했기 때문이다. 돈을 받아내려는 사람은 결국 지쳐서 포기하고, 도적놈들은 그렇게 될 것을 미리 알고서 사기를 친다.

간곡히 말하고 싶은 것은, 그런 사람들에게 떼인 돈은 절대받을 수 없으니 진즉 포기하라는 것이다. 그리고 이제부터 누구에게도 돈을 빌려주지 말아야 한다. 아무리 친한 사이라도, 교묘하게 포장되어 별 탈 없어 보여도, 빌리지도 빌려주지도 말아야 한다.

그런 사람들은 99%가 쥐 같은 관상을 하고 있다. 도적의 근성 때문에 그렇게 변한 것이다. 내 생각에 우리나라 경제가 곤란해진 것은 정치인 탓이 아니라 이런 도적놈들 때문인 것 같다. 내가 보기에는 이런 사람들이 많아도 너무 많다. 그들에게 천벌이 내리는 것도 중요하겠지만, 그보다 한 사람이라도 더 당하지 않길 기원하고 싶다. 사기를 당한 사람은 그것을 평생의 교훈으로 삼고 앞으로 조심해야 할 것이다.

지택림

　유난히 사기꾼에게 잘 당하는 사람이 있다. 이런 사람들에게는 깊은 물이 있는 곳에 가보라고 권하고 싶다. 물론 거기 뛰어들지는 말고 바라만 보고 있으면 된다. 옥상 위에서 세상을 내려다봐도 같은 의미가 있다.《주역》의 괘상으로 지택림地澤臨이라고 하는데, 이는 삼가 조심한다는 뜻이 있고 자기 것을 지킨다는 의미가 있다. 여기서 하나 알아둘 것은, 도적놈에게 당하는 것은 그 사람의 잘못이다. 그 사람의 복이 달아나서 그렇게 된 것이다. 도적놈을 원망하기에 앞서 당하는 자신의 운명을 고쳐야 한다.

25

매력을 자유자재로
창조해내는 능력

1984년에 나는 적극적으로 운명을 개선하기 위해 미국으로
갔다. 한국에서의 생활이 극단적으로 침체되어서 소생의 길을
찾기가 몹시 힘들었던 시절이었다. 당시 나는 《주역》을 연구
하고 관상에도 한참 흥미가 붙었던 때였는데, 어쩌다 보니 미
국행이 자연스럽게 이루어졌다. 나는 기회를 붙잡아 그곳에서
새로운 발판을 만들고자 했다. 겉으로 보기엔 그저 한국에서
의 힘든 생활에서 벗어나기 위해 미국으로 떠난 것이지만 실

은 운명을 바꾸고자 그 길을 선택한 것이다.

그 후 실제로 미국에서 운명을 바꾸고 한국으로 돌아왔다. 금의환향까지는 아니고 그저 나쁜 운명의 흐름을 차단한 것뿐이다. 이로써 나는 새로운 운명의 길로 들어서게 되었다. 그런데 내가 개인사에 대해 이토록 장광설을 늘어놓는 데는 그만한 이유가 있다. 운명의 중대한 원리 중 하나를 논하고자 하는 것이다. 현실을 예로 들어보자.

내가 뉴욕에 있을 때 한국 여자가 운영하는 어느 바bar에 지인과 함께 가본 적이 있다. 지인의 얘기로는, 그곳에 아주 대단한 여자가 있다는 것이다. 당시에 나는 대단하다는 것을 예쁘다는 뜻으로 해석했다. 지인은 나에게 "그냥 가보면 알 것"이라며 자신 있게 그곳으로 데려갔다. 고급 술집은 아니었는데 분위기는 좋았다. 예쁜 여자들이 많아서 그렇게 느꼈을 것이다. 하지만 지인은 그중에서 가장 안 예뻐 보이는 여자를 불러 앉혔다. 조금 김이 새는 순간이었지만 잠시 후 그 생각은 완전히 뒤집혔다.

그 여자는 아무리 봐도 예쁜 구석이 없었는데 매력이 넘쳐흘렀던 것이다. 과연 그랬다. 나는 그 여자를 자세히 살피며 매력 있어 보이는 이유를 발견하려고 애썼다. 당시 나는 한창 관상을 연구하던 시절이라 관상과 매력의 관계를 파악하고자 했던 것이다.

그 여자는 미모로만 보면 분명 빼어난 미인은 아니었다. 그런데 어째서 그토록 매력을 발산할 수 있을까? 나는 한동안 바라보며 생각해보고 하나의 깨달음을 얻었다. 그것은 영혼에서 뿜어져 나오는 광채였던 것이다. 그 힘은 그 여자의 모든 것을 매력적으로 보이게 하는 데 충분하고도 남았다.

지인은 주역과 관상을 공부한 나에게 어째서 그 여자가 그렇게도 매력적인지에 대해 물었다. 나는 자신 있게 말해주었다. 그녀의 매력은 영혼에서 나온 것이라고…. 관상법에서는 이를 심상心象이라고 말하는 것인데 그로써 운명의 힘도 생기는 것이다. 그녀는 한마디로 크게 행복해질 운명을 가지고 있었다. 나는 그날을 계기로 관상을 볼 때 얼굴의 표면만 보는 게 아니라 심상을 보는 것으로 공부의 목표를 새롭게 잡았다. 이는 나에게 큰 발전을 가져다준 계기였던 것이다.

관상이란 얼굴에 서려 있는 영혼의 힘을 보는 것이다. 일반인들의 기준으로는 '매력'이다. 매력이 있는 얼굴은 좋은 관상인데, 이는 미적 기준을 훨씬 넘어서는 신비한 힘이다. 세상에는 잘생겼지만 매력이 없는 사람이 아주 많다. 남녀를 통틀어서 말이다. 반면 평범하거나 못생겼는데도 매력 있는 사람 역시 얼마든지 있다. 오랜 세월 관상을 보면서 나도 이를 종종 확인하곤 했다.

예를 들어보자. 50년 전 일인데 오랫동안 홍콩에서 살던 외숙모가 귀국했다. 그녀는 미인이었는데, 듣자 하니 성형수술을 10여 군데나 했다고 한다. 50년 전이라서 성형술이 지금에 비해 크게 뒤떨어져 있었을 텐데, 우리 외숙모는 대단히 아름답게 변모해 있었던 것이다. 내가 의아한 표정으로 바라보았더니, 외숙모는 빙그레 웃으며 내게 한마디 던졌다.

"얘야, 나는 마음을 성형했어…!"

충격적인 말이었다. 마음을 성형하다니! 당시 나는 17세였는데, 마음을 성형했다는 말에 상당히 놀랐다. 과학을 좋아했던 나는 '홍콩이란 곳에는 마음을 수술하는 기술도 있구나' 하고 생각했었다. 그런데 이어지는 외숙모의 말에 그 모든 뜻이 이해가 되었다. 외숙모는 이렇게 말했다.

"내 얼굴은 의사가 수술했는데, 마음은 내가 한 거야. 그게 더 어려웠지만."

외숙모는 이 말을 해놓고 과거를 회상하듯 먼 하늘을 보고 있었다. 그제야 나는 전모를 알 수 있었다. 외숙모는 자신을 매력 있게 변화시키기 위해 갖은 노력을 기울였던 것이다. 그리고 위대하게 성공했다. 외숙모는 인격자는 아니었지만, 마음을 성형해서 아름다움을 만들었다는 말에 나는 감동했고 존경심마저 갖게 되었다. 이로부터 20년이 지난 후 나는 미국 뉴욕에서 마음을 성형한 또 한 사람을 만났던 것이다.

외숙모를 만났을 때는 너무 어렸기 때문에 나는 심상이나 매력 등에 대해 아는 것도 없고 별 생각이 없었다. 하지만 20년 이 흐르는 동안 《주역》을 공부했고 관상도 공부해서 매력이 무엇인지 잘 알게 된 상태였다. 나는 뉴욕에서 그 여자를 본 순간, 20년 전에 느꼈던 외숙모의 매력이 떠올랐다. 두 여자는 한결같이 영혼 속에서 미美의 광채가 뿜어져 나오는 것이 분명 했다. 이로써 두 사람은 운명마저 고쳐졌을 것이다.

대부분의 여자들이 모르는 사실이 하나 있다. 매력은 절대 로 몸매나 얼굴에서 나오는 것이 아니다. 물론 남자도 마찬가 지인데 진정한 매력은 오로지 영혼에서 발출되는 것이다. 영 혼이라고 해서 인격이나 정신적인 미美를 얘기하는 것은 결코 아니다. 여성의 매력이라 함은 섹스어필과 카리스마 등을 포 함하고, 남성의 매력에는 그 두 가지에 위대함까지 추가된다. 이러한 매력의 요소들은 인간관계에서 무한한 힘을 가진다. 매력이 있으면 출세도 할 수 있는 법이다.

매력은 인간을 움직이게 하는 힘이고, 하늘까지 움직여 운 명을 이끌어낸다. 역사상 수많은 위인들에게는 이러한 매력이 있었고, 덕분에 그들은 한 시대를 풍미했다. 특히 여자의 매력 은 남자를 지배하고 행복한 운명을 만들어낸다. 이렇듯 인간 에게는 실로 돈이나 권력보다 매력이란 힘이 더욱 강력하다. 문제는 매력을 어떻게 창조하느냐인데, 우선 매력이라는 것이 몸에서 나오는 것이 아니라는 것부터 깨달아야 한다. 그리고 평생 노력해야 한다는 것도 잊어서는 안 된다.

마지막으로 한 사람의 예를 더 들어보자. P는 내가 잘 아는 젊은 여자였다. 그녀는 아직 결혼을 못하고(혹은 안 하고?) 있었는데, 어느 날 나는 그녀를 걱정스럽게 바라보았다. 그러자 그녀는 돌연 아무렇지도 않게 말했다.

"선생님, 걱정하지 마세요. 저 곧 결혼할 거예요. 상대만 있으면…."

이게 무슨 말인가! 상대만 있으면 결혼한다니! 그걸 누가 모를까? 나는 속으로 결혼 상대가 없을 것을 걱정했던 것이다.

그녀는 어디를 봐도 예쁜 곳이 전혀 없었다. 얼굴도 그렇고 몸매도 그렇고…. 그녀는 명랑하게 자리를 떠났다. 나는 혼자 고개를 젓고 말았는데 몇 달 후 그녀가 다시 찾아왔다. 나는 처음엔 그녀가 누구인지 몰랐다. 몇 초간 살피고 나서야 P라는 것을 알게 되었다. 그녀는 그만큼 놀랍게 변해 있었다. 이게 웬일인가! 예쁜 곳이라고는 전혀 없던 그녀가 매력이 넘치는 여성으로 변했는데, 매력을 넘어 마력까지 있어 보였다. 그녀가 말했다.

"선생님 저, 결혼할 거예요!"

"호, 그래? 남자는 생겼니?"

"네, 남자가 생겼어요. 그 남자와 결혼할 거예요."

"음, 잘됐구나. 그 남자와 결혼 얘기는 잘되고 있니?"

나는 이렇게 물었는데 뜻밖의 대답이 나왔다.

"아니요, 아직 그 남자를 안 만나봤어요!"

"안 만나보다니! 그게 무슨 말이야? 아직 결혼에 대해 의논을 안 한 거야?"

"네, 그 남자 얼굴만 봤어요. 엊그제 우리 회사에 갓 입사한 사람이에요!"

"그럼 데이트라도 해봤어?"

"아니요. 엊그제 입사했다니까요…."

참으로 기가 막힐 노릇이었다. 나는 도무지 그녀가 무슨 말을 하는지 알 수가 없었다. 그래서 다시 물었다.

"아니, 데이트 한 번 안 한 남자와 결혼하겠다니? 그 남자와 인사는 나눴어?"

"아니요, 그냥 먼발치에서 봤을 뿐이에요."

"그래? 그것참. 그럼 어떻게 결혼하겠다는 말이야?"

그녀는 명랑하게 대답했다.

"방법이 있어요. 선생님은 모르실 거예요! 암튼 저는 그 남자와 결혼할 거예요. 두고 보세요…."

그녀는 이렇게 말하고 떠났다.

그로부터 6개월가량 시간이 흘렀다. 그녀가 다시 나타났다.

"선생님, 저 결혼했어요. 그 남자와!"

그녀의 첫마디가 이것이었다. 그녀의 말대로 정말 결혼을 하긴 한 것 같은데, 나는 그 과정을 전혀 짐작할 수가 없었다. 그녀는 멀리서 본 남자와 결혼하겠다고 선언했고, 그리고 실제로 그 결혼을 성사시켰던 것이다. 그녀는 당초 "방법이 있어요, 선생님은 모르실 거예요"라고 말했다. 도대체 방법은 무엇이었을까? 궁금해서 내가 물었다.

"어떻게 그 남자와 가까워졌는데?"

그녀가 대답했다.

"선생님, 남자들은 매력 있는 여자를 절대 놓치지 않아요. 그 남자가 갑자기 다가왔기에 결혼하게 된 것이지 뭐예요."

그런가! 더 이상 할 말이 없었다. 그녀는 여전히 마력과 같은 매력을 발산하고 있었다. 생각해보니 그녀는 원래 매력이 있었는데 자기가 마음에 드는 남자가 나타나자 그 앞에서 그 매력을 최대로 발산했던 것 같다. 그랬을 것이다. 그녀는 자신의 매력을 자유자재로 구사할 수 있는 신통력(?)이 있었다. 아무도 믿지 않는 기적 같은 일이지만, 실제로 그런 능력이 있다는데 어쩌랴!

매력이란 바로 이런 것이다. 굳이 헬스클럽에 나가지 않고 미장원에 열심히 다니지 않아도 영혼은 매력을 창조해낼 수 있는 법이다. 이는 사람을 홀리는(?) 기술에 해당되는데 귀신

179

같은 능력이 아닐 수 없다. 어쨌거나 결론은 매력이 외모에서 나오지 않는다는 것이다.

매력은 누구나 만들 수 있다. 남녀노소 누구나 영혼에서 그 힘을 내뿜을 수 있다. 매력은 그 사람의 운명이므로, 기필코 이것을 끌어당겨야 한다. 그런 운명을 이끌어내는 장소를 찾아보자. 오늘 당장 그렇게 되는 것은 아니지만 일정 기간 찾아다니면서 정신을 가다듬으면 매력은 얼마든지 창조될 수 있다. 전설 속의 선녀들이 공부하는 것이 바로 그것이 아니겠는가!

산수몽

《주역》의 괘상을 보자. 산수몽山水蒙이란 것이 있다. 이것은 위대하게 솟아오른다는 뜻이 있고, 추한 것을 떨쳐버린다는 의미도 있다. 그런 장소로는 자그마한 섬이 있다. 사방이 시원하게 열려 있어야 한다. 그런 섬을 찾기 어려우면 남산타워 같은 곳에 가면 된다. 반드시 사방이 보이는 높은 곳이어야 한다. 이런 곳에 오래 있으면 영혼은 매력을 발산하게 된다.

26

자기 중독에서 벗어나는 것이
행운의 첫 걸음이다

인간의 몸에는 '중독'이라는 것이 참으로 많다. 대표적인 것으로 아편이 있는데 이것은 인생에 너무나 막대한 폐해를 주기 때문에 법으로 사용을 금지하고 있다. 중독이란, 인체에 해를 주는 물질인데도 자신의 의지와 상관없이 그것을 취해야만 하는 것이다. 담배도 마찬가지다. 일정 시간 안에 그것을 피우지 않으면 견딜 수가 없다. 담배가 폐암을 일으키든 아니든 간에 그것은 나중 문제다. 지금 당장 담배를 피우지 못하면 정신의 안정이 무너져서 미친듯이 담배에 매달리는 것이 문제다. 중독이란 원래 그런 것이다. 아편처럼 중독성이 강한 것이 있는가 하면, 중독은 중독이지만 서서히 작용하기 때문에 큰 문제가 안 되는 경우도 있다.

커피도 중독성이 있어서 어떤 사람은 하루에 10잔을 마셔야 된다고 한다. 그 정도를 마시지 않으면 생활에 지장이 있다는 것이다. 커피를 하루에 10잔 이상 마시는 사람은 하루 온종일 커피만 찾는다. 그러다 보니 생활에 지장이 오고, 이것이 오랜 세월 계속되면 인생 전체에 해를 줄 것이 자명하다. 우선 커피를 마시는 데 시간이 필요하고, 그것 때문에 일상생활에 단절이 온다.

담배든 술이든 커피든 빵이든, 무언가에 중독되면 그 자체로서 인생이 틀에 갇힌다. 이 때문에 운명도 한정될 수밖에 없는 것이다. 무엇에 중독되느냐에 따라 그 정도는 다르겠지만, 대체로 무언가에 중독되면 인생이 파괴된다. 그러니 거기서 벗어나야 하지 않겠는가?

사실 인생이 길게 느껴지겠지만, 시간이 그리 많은 게 아니다. 잠자랴, 출퇴근하랴, 담배 피랴, 얼마나 바쁜가! 몸이 피곤해지거나 병이 난다면 그만큼 시간이 더 줄어든다. 이래저래 제대로 살 수 있는 시간은 줄어들게 마련이다. 그래서 결단코 중독에서 벗어나야 한다.

중독은 인간을 노예로 만든다. 내가 아는 어떤 사람은 낚시 중독자인데 그는 인생의 수십 년을 낚시터에서 보냈다. 낚시 하느라 시간이 부족해서 인생을 돌보지 못했고, 나쁜 운명에 빠지고 말았다. 뒤늦게 돌아보니 그 사람은 낚시를 하기 위해 태어났을 뿐 인생이 아무런 의미가 없었다. 무엇을 하든 적당히 해야 하는 것이다.

여행 중독이란 것도 있고, 어린아이의 경우 게임 중독에 빠지기도 한다. 사랑이란 것도 적당해야 하고 종교생활도 적당해야 한다. 이런 것도 중독되면 완전히 미친놈이 되어버리고 만다. 인생살이에 있어 끊지 못하는 것이 있으면 안 된다. 끊지 않는 것은 선택이지만, 선택이 아니라 그것에 휘둘린다면, 그것을 하지 않을 수 없다면 큰일이다.

믿어지지 않겠지만, 내가 아는 어떤 사람은 웃음 중독에 빠져 있는데 그는 누구 앞에서든 필요 이상으로 큰소리로 웃는다. 그는 이렇게 말한다. 명랑하면 좋은 것 아니냐고! 웃는 것이 뭐가 나쁘단 말인가! 과연 그럴까? 매순간 실없이 웃는 사람을 여러분은 편안히 상대할 수 있겠는가? 그런 사람은 분명 그 때문에 파멸적인 운명에 도달할 것이다.

여기서 생각해보자. 인생에 있어 가장 큰 중독은 도대체 무엇일까? 독자 여러분 스스로 잠깐 생각해보라! 가장 흔하고 가장 지독한 중독은 과연 무엇일까? 그것은 바로 자기 자신에 대한 중독이다. 이것이 무슨 말일까? 다소 철학적인 얘기지만 사람은 누구나 자기를 지키는 힘이 커서 평생 자기에게서 크게 벗어나지 못한다. 이 때문에 사람은 자기 자신의 운명에서 벗어나지 못하는 법이다.

운명이란 바로 이런 것이다. 자기 중독에 빠져 다른 무언가로 변화할 길이 막혀 있다. 자신을 사랑하고, 내가 제일 잘났다고 생각하고, 내 의견이 옳고, 자기만족에 빠져 있고, 항상 내가 최고이고…. 이런 생각이 바로 자기 중독인 것이다. 이렇게 되면 운명도 거기에 고착될 수밖에 없다.

사람들은 흔히 좋은 운명을 기대하면서 살아간다. 그러나 자기 중독에서 벗어나질 못하기 때문에 운명이 별로 나아지지 않는다. 운명을 개척한다는 것이 별것 아니다. 자기 자신에게서 벗어난 만큼 운명을 고칠 수 있는 법이다. 공자는 이렇게 말했다. 군자불기君子不器라고…. 이는 '군자는 하나의 틀에 잡혀 있지 않다'는 뜻이다. 자기 한정, 자기 중독에서 벗어나라는 가르침인 것이다.

인생을 제대로 가꾸고자 한다면 그 무엇보다 먼저 자신이라는 틀에서 벗어나야 한다. 즉 자기 중독을 치료해야 하는 것이다. 못난 사람은 유별스럽게도 모든 일에서 자기가 옳다고 생각한다. 반면 정말로 잘난 사람은 자기 자신의 못난 점을 열심히 개선하려고 끊임없이 노력한다. 자기 중독은 여간해서 벗어날 수가 없다. 항상 자기 자신에 대해 반성하며 고치려 애쓰는 자만이 그 중독에서 벗어날 수 있는 법이다. 참다운 인생이란, 간단히 말하면, 자기 자신을 지금 그대로 유지하는 것이 아니라 현재의 자신으로부터 벗어나 더 나은 사람이 되려고 노력하는 것이라 말할 수 있다.

풍수환

그렇다면 자기 중독에서 벗어나려면 어디에 가야 할까? 《주역》의 괘상을 보면 풍수환風水渙이란 것이 있다. 이는 어둠이 사라지고 자유로워진다는 뜻이다. 자신으로부터 벗어나 넓은 세계로 나아간다는 의미다. 이런 장소는 찾기 쉽다. 겨울에 눈이 바람에 휘날리는 곳, 낙엽이 우수수 떨어지는 순간 등이다. 또한 넓은 벌판에 바람이 불어서 흙먼지가 날리는 곳도 아주 좋다. 빨래를 많이 널어놓은 모습을 볼 수 있는 곳이면 어느 곳이든 좋다. 그 외에 호수 위에 바람이 불어서 출렁이는 곳도 같은 뜻이다. 자기로부터의 탈출은 행운을 개발하는 데 첫 번째 조건이다. 반드시 좋은 장소에서 좋은 기운을 받아 자기 중독에서 벗어나야 한다.

제3부

운명에도
레벨이 있다

운명이란 사람마다 레벨이 있어 일정하게 유지되는 법이다. 그러니 인생에서 최우선적

으로 할 일은 바로 운명의 레벨을 높이는 일이다. 이것을 높이지 않으면 아무리 노력해

도 결실을 맺지 못한다. 영화에 출연하는 배우가 아무리 노력해도 각본을 넘어설 수는

없듯이, 운명의 레벨이란 바로 그런 것이다.

27

복권은
어디서 사야 할까?

복권을 사본 적이 있는가? 나는 전작 《돈보다 운을 벌어라》에서 독자 여러분에게 복권을 사라고 이야기했다. 좋은 운을 바란다면 운이 찾아올 기회를 먼저 만들라는 것이 요지였다. 예컨대 '조심해야지' 하고 마음속으로 생각해야 현실에서도 조심할 수 있는 것처럼, 행운이라는 것도 '운이 좋아지길 바라는' 사람에게만 찾아오는 법이다.

나 역시 로또 복권을 사러 여러 곳에 가봤다. 대부분의 복권 판매점에는 '1등 당첨된 곳', '2등 5번 당첨' 같은 간판이 있었다. 그런 곳이라면 또다시 당첨될 가능성이 있을 것이라고 생각해서 많은 사람이 찾아오는 것 같다. 그래서 나도 지나가다가 1등 당첨이 여러 번 나온 곳이라고 써져 있으면 일부러 들어가 복권을 사곤 했다. 과연 당첨된 곳에서 또 당첨이 될까? 과학적으로 얘기하면 이는 전혀 근거가 없다.

로또는 확률에 의해 무작위로 당첨이 되는 것이므로, 어느 판매점이나 확률은 똑같다. 하지만 이는 수학적인 확률 얘기일 뿐이다. 수학에서의 확률이란 처음부터 모든 곳이 평등하다는 전제에서 시작한다. 특별한 곳이 따로 있다는 것을 수학적으로 증명할 수 없기 때문이다.

그러나 증거를 발견하지 못했다고 해서 진리가 아니라고 주장할 수는 없는 법이다. 그들이 아직 증거를 찾지 못했을 뿐인지 누가 아는가! 더구나 세상의 수많은 현상은 수학적 확률에 의해 정해지는 것이 아니다. 운에 의해 정해질 수도 있다. 운이란 확률을 넘어서는 우주의 거대한 섭리다. 확률로만 따지면 로또는 당첨될 확률이 너무 낮으니 사지 말아야 한다.

확률을 계산해서 복권을 산다는 것은 과학적인 발상이 아니라 매우 우둔하고 멍청한 생각이다. 하늘의 운행은 확률이 아니라 인간의 염원에 의해서도 좌우되는 법이다. 내가 전작에서도 강조했듯이, 행운을 바란다면 복권을 사야 한다. 왜냐하면 우리는 복권이 당첨되기를 염원하기 때문이다. 그 염원만으로도 복권은 종종 당첨되게 되어 있다. 행운의 문을 항상 열어두어야 하는 법이다. 그 문을 열어두면 행운이 올 수도 있고 안 올 수도 있다. 하지만 애당초 문을 열어놓지 않으면 절대로 들어오지 못한다.

물론 한 달 생활비가 10만 원인 사람에게 매주 2만 원어치씩 복권을 사라는 것은 아니다. 10만 원 중에 2만 원이면 꽤 큰돈이다. 라면이든 김치든 사서 생존해야 하니 그 돈을 행운에 투자할 수는 없다. 당장 먹고사는 게 급하기 때문이다. 하지만 그 정도로 가난한 사람이 아니라면 복권을 사야 한다.

이는 투자가 아니다. 그저 하늘에 내는 세금이라고 생각해야 한다. 그 세금으로 행운의 문을 열어놓으라는 것이다. 사람은 복권이 아니더라도 막연히 행운을 위해 어느 곳에든 투자하게 되어 있다. 그럴 경우 세상에 복권만 한 것이 없다.

장소에 대한 얘기로 넘어가보자. 복권은 어디서 사느냐가 가장 중요하다. 장소가 중요하다고 말하면 수학자나 통계학자는 코웃음을 칠 것이다. 하지만 복권은 과학이 아니다. 앞에서도 말했듯이 확률로만 보면 복권을 사야 할 이유가 전혀 없다. 확률을 넘어선 어떤 섭리에 대해서 깊이 연구할 필요가 있다. 어디서 사면 당첨이 될까? 실례를 들어 설명하겠다.

상계동에 가면 로또 명당이란 판매점이 있는데 나도 소문을 듣고 한 번 가봤다. 일부러 찾아간 것은 아니고 마침 근처에 지나갈 일이 있었는데 그 장소가 목격되었을 뿐이다. 그 장소는 도심에서 좀 떨어진 곳인데 많은 사람들이 길게 줄을 서 있었다. 모두 소문을 듣고 찾아온 사람들이다. 그곳에서는 수십 번이나 1등 당첨자가 나왔다는데, 거짓말이 아닌 듯했다. 실제로 당첨된 번호를 적어서 붙여놓았기 때문이다.

문제는 그곳이 명당이냐 아니냐 하는 것이다. 나는 풍수 전문가로서 그곳을 아주 유심히 살펴보았다. 그러나 특별히 명당의 요소를 발견할 수는 없었다. 그곳은 그저 평범한 장소였을 뿐이다. 그렇다면 어째서 그곳에서 그토록 1등이 많이 당첨되었을까? 수학자들은 이렇게 말한다. 그곳에서 로또가 많이 팔렸으니까 당연히 다른 곳보다 많이 당첨될 수밖에 없다고…. 또 확률타령이다. 이는 완전히 틀린 얘기다. 그곳은 그저 잘되는 곳일 뿐이다.

도박꾼들의 얘기를 들어보니, 그곳은 소위 '쏠림 현상'이라 부르는 '스트리크streak'가 있는 곳이라고 했다. 스트리크란, 도박을 할 때 계속해서 이기는 것을 말한다. 상계동의 그 복권 판매점은 현재 스트리크 현상이 진행 중이기 때문에 잘되는 것뿐이라는 것이다. 그래서 도박꾼들도 거기 모여들긴 한다. 과연 맞는 얘기일까? 이는 확실히 맞는 얘기지만 그것은 도박

이론보다 더 높은 섭리가 있다.

천뢰무망

그렇다면 어디 가서 복권을 사야 하는가? 《주역》의 괘상을 먼저 보자. 천뢰무망天雷无妄이란 것이 있다. 이 괘상은 하늘의 기운이 한곳에 내리꽂힌다는 뜻이다. 말하자면 행운이 모인다는 의미인 것이다. 그런 장소는 어디일까?

일단 사람이 많이 모이는 곳이다. 어느 곳이든 상관없다. 많은 사람이 줄 서 있으면 그곳에서 복권을 사야 한다. 살펴보면 곳곳에 있을 테니 사람이 많이 모여 있을 때 그 순간을 놓치지 말고 줄을 서서 복권을 사야 한다.

그리고 여자들이 줄 서 있으면 최고다. 천뢰무망에는 양의 기운이 음으로 향했다는 뜻이 있다. 여자가 남자보다 유리한 법이다. 상계동의 판매점에 가보니 줄을 선 사람들 중에 여자가 많았는데, 그런 점에서도 그곳이 유리하다. 대부분의 사람들은 복권을 사려다가도 줄이 길면 그냥 지나쳐 버린다. 굳이 줄까지 서서 사야 하느냐는 것이다. 하지만 줄 설 기회는 하늘이 준 것이다. 5명 이상 서 있으면 된다. 그리고 그 사람들이 모두 여자라면 반드시 그곳에서 줄을 서서 기다렸다가 복권을 사야 한다. 아예 여자들이 단체로 모여서 복권을 사러 가면 더 좋을 것이다.

28

오십견을 낫게 해준
금강산 연못

나는 오래전에 '오십견'이라는 병을 앓아본 경험이 있다. 이
병은 어깨통증과 함께 한쪽 팔을 거의 쓸 수가 없는 아주 괴
로운 병이다. 그런데 오십견은 어깨통증인데도 불구하고 외과
영역이 아니라 내과영역에 해당하는 병증이라고 한다. 내분비
계와 관련 있는 것 같은데 정확한 의학적 원인은 잘 모르겠다.
어쨌거나 앓아본 사람은 알겠지만 이 병은 통증과 함께 사람
의 기를 완전히 꺾어놓는다.

그때 나는 무려 3년 동안이나 오십견을 앓았다. 생각만 해도 지긋지긋한 세월이었다. 그런데 다행스러운 것은, 이 병이 한 번 걸리면 면역력이 생겨서 다시 걸리지 않는다는 것이다. 이 사실은 병이 회복된 후 의사에게 직접 들었다. 그런데 내가 오십견을 앓고 있을 당시 나와 똑같은 병을 앓고 있는 사람이 있었다. 공교롭게도 그는 나와 동갑이었고 나와 똑같은 고통을 겪고 있어 우리는 금세 친구가 되었다.

그런데 그는 1주일 만에 그 병을 스스로 치료하고 말았다. 이 이야기는 실화인데, 그는 오십견을 치료하기 위해 특별한 장소를 찾았다고 했다. 물론 그렇다고 해서 그가 나처럼 '장소가 운명을 고친다'는 이론을 알고 있었던 것은 아니었다. 그저 '어디에 가면 오십견이 순식간에 없어진다더라' 하는 것을 누구에게 들었기 때문에 그곳에 찾아갔다는 것이다. 그 장소는 바로 금강산에 있는 어느 자그마한 물웅덩이였다. 그곳에 다녀온 지인으로부터 들은 이야기라고 했다.

내 친구의 지인 역시 오십견에 걸려서 고생하고 있었는데 우연히 금강산을 여행하다가 경치가 너무 좋고 아담한 물가를 발견하고는 충동적으로 그 속에 몸을 담갔던 모양이다. 그런데 이게 웬일인가! 그는 그 물에서 나오자마자 오십견이 사라졌단다. 믿어지지 않겠지만 지어낸 얘기가 아니고 실화가 확실하다. 내 친구는 이 말을 듣고 실제로 금강산에 가서 그 장소를 찾았다. 그는 관광을 하기 위해 금강산에 간 것이 아니라, 그저 오십견을 고치고 싶은 간절한 열망으로 어렵게 금강산을 찾아갔던 것이다.

친구는 그 물웅덩이에 뛰어들었다. 당시 북한 당국은 관광객에게 물에 뛰어드는 행위를 공식적으로 금지시켰는데 그는 몰래 들어갔던 것이다. 놀랍게도 바로 그 순간, 친구는 오십견이 사라졌다. 그는 너무 신기하지 않느냐며 내게도 고생하지 말고 그곳에 가보라고 했다. 나는 그 친구의 말을 믿었지만, 북한 땅에 들어가는 것이 왠지 꺼림칙해서 금강산에 찾아가지는 않았다. 오십견을 하루 만에 고친다는 데는 귀가 솔깃했지만 신변의 안전이 걱정되었기 때문이다.

사실 나는 그런 장소의 조건을 이미 알고 있는데, 남한 땅의 산중에서는 그런 곳을 발견할 수가 없었다. 오십견으로 고생하는 사람들에게 그 장소를 찾아 알려주면 참 좋을 텐데 안타깝다. 아마 의사 선생님들이 이 얘기를 들으면 웃고 말 것이다. 그러나 장소의 신비는 의사가 알 수 있는 영역이 아니다. 그것은《주역》의 이론을 깊이 공부해야 파악할 수 있는데 오십견을 위한 장소 말고도 모든 병에는 그 병을 고치는 데 딱 맞는 장소가 얼마든지 존재할 수 있다. 그것이 바로 땅의 신비다. 이에 대해 조금 얘기해보자.

나는 40여 년 전 어느 여관에 들른 적이 있었는데, 그곳에서 자고 나온 후에 좋은 일이 생겼다. 그곳이 유난히 잠이 잘 오고 편안해서 나중에 한 번 더 가게 되었다. 두 번째로 찾아간 이유는, 오로지 잠을 푹 자고 싶어서였다(나는 자주 불면증에 시달린다). 그런데 그곳에 다녀온 후에 또 좋은 일이 생겼던 것이다.

두 번이나 그런 일이 있고 보니 기억이 분명해졌다. 그래서 세월이 한참 흐른 후에 그곳이 생각나서 다시 한 번 가봤다. 세 번째인데 혹시 또 좋은 일이 생기지나 않을까 하고 의도적으로 간 것이었다. 그런데 이게 웬일인가! 정말 또다시 좋은 일이 생기고 만 것이다(좋은 일인데 이렇게 표현해서 미안하지만). 당시 나는 장소를 판단하는 공부를 아직 하지 않았던 시절이었다. 하지만 그 장소가 행운을 가져다주었다는 생각은 오랫동안 기억에 남았다.

그곳은 서울 화양리 근방이었는데 자주 가면 미안해서(뻔뻔한 일이니까) 세월이 좀 흐른 후에 다시 한 번 방문했다. 그런데 그 여관은 없어지고 건물은 헐려 있었다. 참으로 아쉬웠다. 사라지기 전에 한 번쯤 더 가봤으면 좋았을 텐데….

이 일은 추억으로 남았고 그 후 나는 공간풍수에 대해 깊이 공부하는 운명을 맞이하게 되었다. 지금은 행운이 필요할 때면 그런 곳을 일부러 찾아다니곤 한다. 이제는 그런 장소를 보는 눈이 생겨서 확신을 가지고 그곳에 머무를 수 있다. 그리고 실제로 종종 효과를 보는 편이다. 그 내용을 상세히 설명해줄 수는 없지만 누구에게나 자신에게 행운을 주는 그런 장소가 있다는 것을 말해주고 싶다.

어떤 곳에 여행을 다녀왔는데 좋은 일이 생겼다면, 일단 그 장소와 행운을 결부시켜볼 필요가 있다. 그 장소는 넓은 지역일 수도 있고 어느 지역의 한 지점일 수도 있다. 어느 쪽이든 그런 행운의 장소를 경험해보았다면 반드시 한 번 더 가보라고 권하고 싶다. 그런 곳을 여러 곳 알아둔다면 더더욱 좋을 것이다. 무슨 전문가의 판단이나 지침 같은 것은 없어도 된다. 지나고 봤더니 거기가 좋았다면, 그런 장소를 기억해두면 된다.

중요한 것은 누구에게나 그런 장소가 있다는 것이다. 가보기 전에는 알 수 없지만, 지나고 나서 돌아보면 그곳이 좋았는지 나빴는지 알 수 있다! 누누이 강조하지만 땅이란 신비한 힘을 간직하고 있다. 그렇기 때문에 어떤 장소에 다녀오고 나면 이후의 상황을 음미해보는 것이 필요하다.

29

정신이 만들어낸
몸의 질병을 고치는 곳

미국의 한 신경의학회에서 요통 환자들을 대상으로 흥미로운
연구를 했다. 연구대상이 된 환자들은 모두 자동차 사고를 당
한 직후부터 허리가 아프기 시작했는데, 의사들은 자동차 사
고의 충격이 허리에 미치는 영향을 조사하고자 했던 것이다.
그런데 결과는 아주 이상했다.

　이들 자동차 사고 환자들 중 50% 정도는 통증의 원인이 자
동차 충격과 전혀 상관이 없었던 것이다. 의사들은 뜻밖의 결

과에 놀랐다. 환자들이 통증을 느끼게 된 원인이, 직접적인 자동차 충격 때문이 아니라 심리적인 요인 때문으로 나타난 것이다. 사고를 당했으니 으레 허리가 아플 것이라고 생각한 심인성心因性 통증이라는 것이다. 쉽게 말해 마음이 몸(허리)을 아프게 했다는 말이다. 꾀병과는 좀 다르다. 그들은 진짜로 통증을 느낀다. 다만 물리적 충격이 아닌 정신적인 이유 때문에 말이다. 이는 뇌가 자동차 사고를 핑계로 허리가 아프도록 신경계를 조절했다고 해석할 수도 있다.

그 후로 이러한 심인성 통증이나 질환에 관해 더 많은 연구가 이루어졌고, 의사들은 사람이 걸리는 질병 중 상당 부분이 신경성이라는 것을 알게 되었다. 실제로 요즘 사람들은 '스트레스성 질환'이라는 진단을 받는 경우가 상당히 많다. 특별히 원인을 알 수 없을 때 대부분 "스트레스 때문입니다"라는 답을 듣곤 한다.

좀 더 쉬운 예도 있다. '플라시보 효과'라는 것도 들어보았을 것이다. 아무 효능이 없는 가짜 약도 의사가 신통한 약이라고 권하면 환자는 이 약을 먹고 회복된다는 개념이다. 환자가 약의 효능을 믿기만 하면 실제로 통증이 사라질 수도 있다. 암이든 요통이든, 내 생각에는 요즘 사람들이 잘 걸리는 질환들 중 상당 부분이 정신적인 스트레스 때문에 나타나는 것 같다.

심지어 어떤 의사들은 많은 환자들이 아프고 싶어서 아플 뿐이라고 말하기도 한다. 다시 말하지만, 꾀병과는 다른 개념이다. 무의식이 신체작용에 관여하여 일부러 병을 만들어낸다는 것인데, 정신분석의 창시자 프로이트도 이런 사례를 연구한 바 있었다. 그것을 살펴보자.

어느 날 갑자기 눈이 보이지 않게 된 한 여인이 있었다. 처음엔 안과의사를 찾아가 진찰을 받았는데 눈에 아무 이상이 없다는 진단이 나왔다. 그래서 결국은 심리분석을 받기 위해 프로이트를 찾아온 것이다. 프로이트는 이는 정신의 문제라고 판단하고 환자의 정신을 심층적으로 분석했다. 그 결과 중요한 사실이 밝혀졌는데, 그것은 환자가 어릴 적에 집 안에서 나쁜 짓을 하다가 할머니에게 들킨 내용이었다. 당시 환자의 할머니는 무서운 눈초리로 손녀의 잘못을 꾸짖었다. 환자는 수십 년이 지났는데도 할머니의 눈초리를 잊을 수가 없었다. 수십 년간 그 상황을 떠올리며 상상 속에서 그 무서운 눈초리를 피하곤 했는데, 시간이 갈수록 공포감은 사라지기는커녕 점점 더 커지기만 했고, 급기야 무의식으로 자기 눈을 볼 수 없게 만든 것이다. 프로이트가 이렇게 분석하고 환자에게 알려주자, 얼마 후 환자는 눈이 다시 보이기 시작했다. 더 이상 자기 자신을 속일 필요가 없다는 사실을 알아챈 것이다.

허리를 다치지 않았는데도 허리가 아픈 교통사고 환자나,

가짜 약을 진짜인 줄 알고 먹은 후 병이 나은 환자나, 일부러 자기의 눈을 멀게 만든 환자들은 공통점이 있었다. 정신의 힘으로 질병을 만들어내기도 하고 치유하기도 했다는 점이다. 이는 아주 중요한 사실을 시사한다. 사람의 병이 대체로 이런 식으로 발생할 수 있다는 것이다. 나는 의사는 아니지만, 요즘 환자의 90% 정도는 이런 식으로 병이 발생한다고 믿는다.

의식과 무의식, 음양의 원리

처음에는 무의식이 우리 자신도 모르게 약한 병을 만든다. 그러고 나면 우리는 우리가 스스로 만든 병인데도 그것에 대해 두려움을 느낀다. 두려움과 괴로움 같은 부정적인 감정은 병을 더 키운다. 그렇게 악순환에 빠져 병이 깊어지는 것이다. 예전에는 별로 중요하게 생각하지 않았던 잠재의식 또는 무의식에 차츰 많은 사람들이 관심을 갖게 되었다. 일부 의사들은 잠재의식이 신체적인 질병에도 깊이 관여하는 것으로 본다. 여기서 말하는 무의식은 우리가 의식이라고 부르는 것과 대비되는 개념인데, 마음의 심층부에 자리 잡고 있어서 표면의식 (의식)이 전혀 느끼지 못한다. 그러니까 쉽게 말하면 우리의 정신세계는 2중 체계로 운영되고 있다는 뜻이다.

사실 여기까지는 대충 어디서 들어보았거나 아는 얘기일 것이다. 굳이 주역전문가한테 들어야 할 이야기도 아니다. 그런데 우리의 정신세계가 의식과 무의식, 2중으로 운영된다는 사실은, 우리의 가정이 아내와 남편으로 운영되는 것과 완전히 닮아 있다는 사실에 주목해야 한다. 그리고 이런 방식은 자연계에서는 그리 특별한 것도 아니다. 모든 것이 이런 식으로 운영되니까 말이다. 특히 유기체는 이러한 2중체계가 필연적인데, 이것이 바로 음양의 원리다. 국가든, 사회든, 가정이든 또는 우리의 뇌든, 모든 것은 음양의 원리가 지배한다.

무의식은 음의 정신이다. 반면 우리가 우리 자신을 지배하고 조절하고 있다고 믿는 표면의식은 양이다. 그런데 사실 우리를 지배하는 것은 표면의식이 아니다. 물론 실생활에서는 의식이 전면에 나서서 우리 몸 전체를 통제한다. 하지만 이는 절반만 본 것이다. 인간 정신의 더 깊은 내면을 보면 무의식이 완전히 지배하고 있다.

병이란 의식의 소관이 아니다. 무의식이 만들어내고 또한 치료도 하는 것이다. 우리의 몸은 병이 생기고 치료될 때 신경계에 의존하는 것처럼 보인다. 사실이 그럴 것이다. 이는 의학적인 문제이므로 나는 잘 모르고 깊이 파고들 생각도 없다. 단지 병이라는 것이 기계가 고장 나듯이 그저 벌어지는 것이 아니라, 정신이 깊이 개입되어 있는 현상이라는 것이다.

무심히 놔두면 병이 치료되는 현상을 흔히 찾아볼 수 있다. 반면 신경을 너무 많이 쓰면 도리어 병이 악화되기도 한다. 현대인의 스트레스가 점점 커지면서 스트레스성 질환 역시 함께 증가하는 세태를 보면 알 수 있듯이, 정신은 우리의 질병과 중요한 연관이 있다. 그런데 정신이란 것이 무엇인가? 이는 궁극적으로는 영혼에 귀속된다. 이것이 이제까지 장황하게 이야기한 모든 것의 결론이다.

병이란 영혼의 작용에 크게 지배받는 현상이다. 특히 의학적으로 원인을 찾기 어려운 모든 병은 영혼의 작용으로 봐야 할 것이다. 그래서 병의 치료는 의사도 중요하지만, 환자의 마음가짐이 더 중요하다. 요점은 바로 영혼이다. 영혼은 무의식마저 지배하는 정신의 근원인 것이다.

이제 병이 잘 낫지 않는 사람에게 필요한 장소를 찾아보자. 이는 앞에서 수없이 강조한 바 있는, 영혼을 바로 잡기 위한 곳이다. 영혼은 어떤 때 병을 만들어낼까? 영혼이 건강하지 못할 때 몸에도 병이 생긴다. 영혼도 상황에 따라 약해지기도 하고 강해지기도 하는 법이다.

젊었을 때는 병을 우습게 보기도 한다. 하지만 나이가 들어보면 예전에는 쉽게 낫던 병도 점점 치료하기가 어렵다는 것을 알 것이다. 조그만 상처가 나도 회복되는 속도가 확연히 느려지지 않는가! 병이 났을 때는 의사에게 먼저 달려가야 하겠지만, 전적으로 의사의 처방에만 의존해서는 안 된다. 의사의 지시를 잘 따르되, 환자 스스로 영혼을 활성화시켜야겠다고 결심해야 한다. 무기력하고 가라앉은 마음으로는 몸도 빨리 나을 수 없다. 영혼을 활성화시키고 건강하게 만들어야 하는 것이다.

산천대축

영혼을 건강하게 만드는 것을 《주역》에서는 산천대축山天大畜이라는 괘상으로 나타낸다. 이 괘상은 기운을 크게 만들고 축적하는 것을 보여준다. 또한 영혼이 거대한 사물의 내면에 머물고 있는 모습도 보여준다. 세상에는 이러한 형상을 갖춘 곳이 무수히 많다. 영혼은 이런 곳에 찾아가 그 현상의 뜻을 본받아야 하는 것이다. 어떤 곳이 있을까? 거대한 건물이 바로 그곳이다. 건물 앞에 서 있거나 그 안에 들어가면 된다.

다행히 오늘날에는 큰 건물들이 곳곳에 많이 있다. 이왕이면 건물의 외관이 단단하고 장엄한 느낌을 주는 것이 좋다. 기와집도 아주 좋다. 기와집은 그 자체로는 규모가 그리 크지 않지만, 기와가 기운을 크게 축적하는 형상을 가지고 있기 때문이다. 우리 조상이 기와를 사용한 것은 그런 뜻이 있었던 것이다. 기와집은 그것을 바라보기만 해도 약이 된다. 다행히 우리나라에는 기와집도 많다. 그런데 기와집이든 큰 건물이든, 너무 낡아서 곧 무너질 것 같은 곳은 좋지 않다. 이런 장소에 가면 기운이 축적되기는커녕 오히려 줄어들고 허약해질 것이다.

도시에 살지 않아서 큰 건물을 찾기 어려운 사람은 거대한 바윗덩이를 찾으면 된다. 산에 가면 으레 바위가 있다. 그것을 보고 있으면 영혼이 기운을 보충할 수 있다. 높은 탑도 좋다. 그저 돌로 이루어진 큰 현상물이면 모두 괜찮다. 튼튼한 모양의 천장이 있는 곳도 산천대축의 뜻이 있으므로 동굴 같은 곳은 아주 좋다. 따라서 동굴관광을 자주 해보는 것이 확실히 도움이 된다.

깊지 않은 병이라면 동굴에 한 번 들어갔다 나오길 권한다. 스위스에는 아예 거대한 동굴 속에 지은 호텔도 있다. 거리도 멀고 숙박비도 만만치 않지만, 허약한 사람은 이곳에 가서 한 달쯤 머물고 오는 것도 좋을 것 같다. 그리고 천장을 웅장하게 꾸며놓은 호텔 로비도 좋다. 마찬가지로 거대한 나무 밑에 있어도 같은 효과를 볼 수 있다. 석조 건물을 바라보거나 그 안에 들어가 있기, 군인들이 사용하는 탱크를 바라보는 것도 도움이 된다. 내 생각에, 상징의 힘은 실제 병원약보다 효과가 더 크다. 영혼을 튼튼하게 해주기 때문이다.

30

되는 일이 없다면
이미 천벌을 받는 중이다

S를 보자. 이 사람은 한때 일류 기업에 다녔는데 직책도 높고 봉급도 제법 많았다. 건강하고 미남이어서 여자들에게 인기가 많았다. 이만하면 잘나가는 사람이었다. 나는 S를 40년 가까이 알고 지냈기 때문에 이 사람이 젊었을 때부터 거쳐온 인생의 항로를 아주 잘 알았다. 젊어서는 장래가 촉망되는 인재로 대우 받았다. 지금도 그렇지만 그때도 취직이 힘들었던 시기라서 S가 일류 기업에 입사했을 때 다들 그를 출세한 사람이

라고 칭찬했다.

그런데 그는 그곳에서 오래가지 못하고 쫓겨났다. 본인은 그만두었다고 하지만 나는 S가 쫓겨난 이유도 대충 짐작하고 있었다. 어쨌거나 그럼에도 불구하고 그는 재주가 좋고 힘이 넘치고 운까지 좋아서(당시에는 그랬다) 쉽게 새로운 직업을 찾아냈다. 개인사업이었는데 그것 역시 한동안 잘나가서 돈을 많이 벌었다. 덕분에 그는 더욱 부티가 나 보였고 매력적으로 보였다.

보통 사람도 돈이 많아지면 달라 보이는 법인데 S는 원래 잘났던 터라 더욱 빛나 보였다. 이렇게 되니 사귀는 여자의 수가 점점 늘어났다. 이게 문제였다. S는 여자와 노는 것 외에는 세상에 재미있는 일이 없었다. 이것은 매우 위험한 현상이다. 사람은 재미없는 것도 재미있게 봐야 한다. 늘 재미있는 것만 쫓아다니면 나중엔 만사가 재미없게 되는 법이다.

S가 그랬다. 그는 오로지 여자를 만나는 낙으로 살았는데 점점 망할 징조가 보이기 시작했다. 그 징조는 다름 아닌 '여자의 돈을 빌리는 것'이었다. 여자들은 S가 잘생기고 돈도 잘 버니까 자청해서 돈을 빌려주곤 했다. 그런데 이런 것은 절대 해서는 안 될 짓이 아닌가. 앞에서도 설명했지만, 운명의 관점에서 보면 남자는 여자에게 돈을 빌려서는 안 된다. 친구든, 애인이든, 누나든, 엄마든, 아내든, 딸이든, 그 누구라 하더라

도 여자의 돈을 쓰는 것은 운명의 측면에서 볼 때 아주 흉한 일이다.

앞에서도 강조했듯이 이는 음양의 섭리에 의한 것이다. 남자는 여자에게 무엇이든 주어야 하는 존재다. 그런데 여자의 돈을 받아쓰다니! 나중에 갚으면 될 것 아니냐고 반문할지 모르지만, 갚고 안 갚고가 문제가 아니다. 빌리는 것 자체가 좋지 않다는 것이다. 게다가 S는 여자들에게 돈을 빌려 쓰고는 갚지도 않았다. 그럴 때마다 여자들은 S에게 나중에 천천히 갚아도 된다고 관용을 베풀었고, 그래서 S는 계속 미루기만 하고 결국 돈을 갚지 않았다. 그래도 탈이 없었다. 여자들은 사귀고 있는 남자가 설마 떼어먹겠나 하고 오래오래 놔두었던 것이다. S는 점점 재미가 붙었다. 여자들의 돈을 마음껏 쓰고도 안 갚아도 되니 이 얼마나 신나겠는가!

그게 과연 그럴까? 하늘의 법칙이란 것이 있다. 남자는 여자에게 많이 베풀수록 복을 받는 법인데 S는 거꾸로 하고 있었다. 결국 S는 사업이 점점 기울더니 나중엔 빚까지 지고 망해버렸다.

그런데 그 후가 더 문제였다. S는 사업을 말아먹은 후 소위 '제비'로 변신했다. 제비란 여자에게 돈을 뜯어내는 존재를 말하는데, S는 잘생긴 외모를 밑천(?)으로 제비짓을 할 수 있었다. 그러나 양이 음의 혜택을 받고 살아가면 급격히 재수가 없어진다는 대자연의 섭리를 S는 모르고 있었다. S는 점점 복이 달아나면서 인품도 망가져 비굴하게 살게 되었고, 나중엔 매력도 없어지고 여자들도 하나둘 떠나 인생 자체가 거덜 났다. 천벌을 받기 시작했던 것이다.

그는 지금도 계속 비참해지고 있다. 이른바 무너지는 인생이다. 쫄딱 망해 가난해지고 외로워진 것도 문제지만 가장 큰 문제는 인격이 무너졌다는 것이다. 그는 여전히 스스로 노력해서 재기할 생각은 하지 않고 도와줄 여자만 찾아다니고 있다. 그렇게 천벌이 계속되면 벼락에 맞아 죽을 수도 있다.

S는 이런 사람인데 살아날 방법이 있을까? 천벌을 받고 있는 사람인데도 말이다. 사람이 천벌을 받는 이유는 수없이 많다. 그러나 자기가 천벌을 받고 있다는 사실 자체를 까맣게 모르고 산다. 그저 이렇게 말할 뿐이다.

"나 요즘 왜 이렇게 일이 안 풀리는지 모르겠어. 이러다 망하겠네!"

총체적으로 되는 일이 없고 하는 일마다 망하는 사람은, 깊이 생각할 것 없이 그 자체가 이미 천벌을 받고 있는 것이다. 그러니 죄가 뭔지 몰라도 '내가 천벌을 받고 있구나' 하는 마음으로 반성해야 한다. 그리고 나서 재기를 위한 좋은 장소를 찾아봐야 한다. 그런 장소는 과연 어디일까?

가장 좋은 장소는 농부가 밭을 갈고 있는 곳이다. 곡괭이든 트랙터든 땅을 파헤치고 있는 현장 말이다. 그리고 부둣가에 가면 큰 배가 닻을 내리는 모습을 종종 볼 수 있는데 그런 곳에 가야 한다. 가서 오랫동안 바라봐야 한다. 또한 등반가들이 밧줄을 붙잡고 암벽을 타는 모습을 봐도 좋다. 그런 곳을 찾기 힘들면 등반 동호회라도 가입해서 그런 곳을 구경해야 한다.

풍뢰익

농부가 밭을 가는 것, 배가 닻을 내리는 것, 사람이 밧줄을 붙잡고 올라가는 모습은 《주역》의 괘상으로 풍뢰익風雷益이라고 한다. 이것은 깊은 곳의 기운을 끌어올린다는 뜻이다. 또한 위의 것을 덜어서 아래에 보탠다는 뜻도 있다. 뜻까지 이해하기는 다소 어려울 것이다. 쉬운 예를 들어 설명해보겠다.

어부가 바다에서 고기를 끌어올리는 것도 같은 뜻이니 어부를 따라 바다에 나가보는 것도 좋다. 낙하산을 타고 내려오는 모습도 같은 뜻인데, 요즘엔 낙하산을 찾아보기가 힘들겠지만 찾기만 하면 효과는 최고다. 또 한곳이 있다. 건축 공사장을 돌아다니다 보면 기중기로 무거운 물건을 끌어올리는 것을 볼 수 있는데, 그 순간을 보면 아주 좋다. 땅에 구멍을 뚫고 있는 현장도 마찬가지다. 도로의 아스팔트를 뜯어내는 현장을 찾아가보는 것도 좋다. 풍뢰익이라는 괘상에 의한 현상은 하늘이 다시 인간에게 힘을 실어주는 모습이다. 하늘에 지은 죄는 하늘로부터 용서를 구해야 할 것이다.

31

관재수에서 벗어나려면
집 안 청소부터 제대로

영국 사람들은 꿈에 경찰관이 나오면 재수 좋은 꿈이라고 좋아한다고 한다. 우리나라와는 사뭇 다른 정서다. 우리나라 사람들은 경찰관에 대해 도와주는 존재라기보다는 벌주는 존재라고 여기기 때문이다. 영국에서는 집 안에 쥐가 나타났다고 신고를 하면 경찰관이 다녀간다고 한다. 하긴 우리나라에서도 벌집을 발견하면 119대원들이 와서 제거해준다. 그러고 보면 세상이 참 많이 좋아졌다. 내가 어렸을 적만 해도 경찰은 우리를 도와주는 존재가 아니라 괴롭히는 존재였다. 공연히 돈을 뜯어 가는가 하면 죄 없는 사람을 끌고 가기 일쑤였기 때문이다.

어쨌건 세월이 흘러 세상이 변해도, 여전히 우리나라 사람들은 꿈에서든 생시에서든 경찰관을 보는 것을 그리 좋아하지 않는다. 특히 경찰서에서 오라고 연락이 오면 죄가 없는 사람도 무섭고 기분이 나쁘다. 내가 아는 어떤 사람은 억울한 일을 당했는데도 경찰서에 가는 것 자체가 싫어서 참고 말았다고 한다.

하지만 요즘은 경찰관의 이미지도 점점 좋아지는 것 같다. 머지않아 우리나라도 영국처럼 될 것이다. 꿈에 경찰관이 나타나면 좋은 꿈이라고 기뻐하는 나라 말이다. 그러나 현실에서 경찰과 연관된 일이 생기는 것은 영국 사람들도 별로 좋아하지 않을 것이다. 경찰관은 무엇인가 문제가 있을 때 출현하는 존재가 아닌가!

사주명리학에서는 경찰과 연관되는 일이 생기는 사람에 대해 '관재수'가 있다고 말한다. 그런데 어떤 사람은 유난히 관재수가 많은 사람이 있다. 걸핏하면 경찰서에 드나드는가 하면 소송에 휘말리는 것이다.

소송이란 내가 걸었든 걸렸든, 형사든 민사든, 인생에서 좋은 일이라 할 수 없다. 소송은 경찰서에 출입하는 것보다 한

단계 더 심각한 사건이다. 게다가 소송이란 것은, 나에 관한 문제를 국가가 판별하는 것이므로 몹시 께름칙하다. 이기면 다행이기는 하지만, 길고 긴 소송 과정 내내 이겨야만 한다는 심리적인 압박 자체가 큰 부담이다. 또한 졌을 때는 형벌이든 재산상의 피해든 고통이 따른다.

나는 지금까지 살아오면서 경찰서에는 종종 가봤지만 법원에 가서 재판을 받은 적은 한 번도 없다. 이는 제법 편안한 인생이었다는 방증일 수도 있다. 그런데 어떤 사람들은 항상 재판 때문에 골머리를 앓는다. 이런 사람이 내 주위에도 꽤 여럿이다. 이는 도둑질을 해서 경찰서에 끌려가 형사 재판을 받는 것과는 개념이 다르다. 도둑놈이라면 나쁜 짓을 했으니 당연히 벌을 받아야 하지 않겠는가!

하지만 도둑질을 하지 않았는데도 공연히 시비에 걸려 소송에 휘말리는 게 문제다. 소송은 평생 한 번만 걸려도 불운이라 할 수 있다. 그런데 이것이 자주 걸리면 그 사람은 대단히 불행한 인생인 셈이다. 관재수에서 반드시 벗어나야 인생을 제대로 살 수 있는 법이다.

소송은 거는 것도 번거롭고 걸리는 것도 괴롭다. 그래서 소송 자체가 인생에서 사라져야 한다. 하지만 소송이 걸리면 이겨야 하지 않겠는가! 소송이 걸리면 이는 일단 불운이다. 게다가 지기까지 하면 더욱 큰 불행이 된다. 그래서 소송에 안 걸릴 수 있는 운명이 필요하고, 부득이하게 소송에 걸리면 이기는 운명이 필요하다.

대부분의 사람들은 평생 소송과 상관없이 살아간다. 하지만 소송과 아주 가까이 지내는 사람이 있다. 이런 사람들은 혼돈스러운 기운이 그를 감싸고 있다. 너무 자주 이러한 혼돈을 겪는 사람은 운명이라고 볼 수밖에 없다. 소송과 관련 있는 직업을 가진 사람은 논의에서 제외하겠다. 그런 사람은 소송이 생계의 수단이기 때문이다.

원치 않는 소송에 자주 휘말려 괴로운 사람은 어디로 가야 할까? 관재수에서 벗어나 소송이 없어지는 인생, 혹은 부득이하게 소송에 걸렸다 하더라도 이기는 운명으로 바꾸려면 어떻게 해야 할까?

천수송

《주역》의 괘상에 천수송天水訟이란 것이 있다. 이것은 사필귀정事必歸正, 결백이 입증된다는 의미를 가진 괘상이다. 또한 참고 견디면 좋은 결실이 열린다는 의미도 있다. 그런 장소는 어디일까? 첫째로 떠오르는 곳은 폭포다. 폭포 앞에 가서 오랫동안 이를 바라보고 있으면 소송에 유리한 운명이 된다. 비가 오고 나서 순간적으로 활짝 갠 하늘을 바라보는 것도 좋다. 비행기를 타고 높은 곳에 올라가는 것도 같은 뜻이다. 깔끔하게 청소를 마친 장소도 좋은데, 그래서 관재수에서 벗어나고 싶다면 집 안 청소부터 늘 깨끗이 해놓는 것이 중요하다.

이는 천수송이라는 괘상의 섭리에 의한 것이다. 소송이 자주 걸리는 사람은 청소가 안 되어 있는 사람과 뜻이 같다. 그리고 소송에 지는 사람은 치워야 할 쓰레기가 너무 많은 사람이다. 깨끗이 쓸어서 보기에도 상쾌한 도로를 걷는 것은 아주 좋다. 주위에 그런 도로가 없으면 자기 집 앞마당이라도 자주 쓸면 효과가 있을 것이다. 안개가 막 걷히고 있는 지역도 좋다.

투명한 유리창이 있는 장소가 좋은데, 때가 끼어 있는 유리창은 불길하다. 그런 유리창은 쳐다보지도 말아야 할 것이다(만약 집에 있는 창문이 그렇다면 미리미리 잘 닦아 놓아야 한다). 메마른 땅을 걷는 것도 좋다. 앞에서 열거한 장소를 매일 접하고 살면 소송을 벗어나거나 이기는 운명이 된다. 현재 소송에 걸려 있는 사람은 다른 일은 생각하지도 말고, 자신에게 필요한 장소를 열심히 찾아다녀야 한다.

32

이혼과 실직을 막는 '유지하는 운'

요즘은 40대 중반만 되어도 직장을 그만두어야 하는 경우가 많다. 참으로 난감한 일이다. 이 나이라면 앞으로 수십 년은 더 일할 수 있는 데다, 한창 자라고 있는 자녀들에게 돈이 많이 들어가는 시기가 아닌가. 이런 상황에 직장에서 쫓겨나면 다른 직장을 구하기도 쉽지 않다. 나이가 많으니 어디서도 쉽게 받아주지 않는 것이다. 게다가 한 번 쫓겨났다는 사실 자체가 마치 전과 이력처럼 따라다니는 것도 문제다.

그래서 많은 사람들이 직장에 일단 들어가면 정년이 될 때까지 그곳에 일하기를 희망한다. 하지만 세상이 많이 변해서 요즘은 직장을 구하는 것도 힘들지만, 한 직장에서 오래 남아 있기도 힘들다. '직장'이라는 개념이 곧 없어질 거라는 주장을 하는 학자도 있다. 그만큼 모든 것이 급변하는 시대다. 자영업도 다르지 않다. 사업이 언제 무너질지 예측하기 어려워졌다.

그런데, 조금 다른 주제지만, 건강이란 것도 마찬가지다. 젊은 나이에 갑자기 병이 나서 인생살이에 큰 지장을 주기도 한다. 갑자기 몸이 아프거나 예고 없이 직장에서 해고당하는 것처럼, 부부관계에서도 비슷한 상황이 닥칠 수도 있다. 어느 날 갑자기 이혼을 해야 하는 경우가 생기는 것이다. 이혼은 직장에서의 해고와 마찬가지로 본인의 의지와 상관없이 운명적으로 떠밀려 하게 되는 경우가 많다. 배우자가 바람이 났거나 경제상황이 갑자기 나빠졌거나 병에 걸렸거나 등등 이혼은 우리 인생에 흔히 찾아온다. 우리나라 사람들의 이혼율이 얼마나 높은지는 아마 다들 잘 알 것이다.

이혼과 실직, 어느 쪽이 더 곤란한 것인지는 잘 모르겠다. 어쨌거나 문제는 한 번 시작한 일이 계속 이어지지 않는다는 것이다. 물론 변치 않는 것이 무조건 다 좋은 것은 아니다. 다만, 인생에는 변하지 않아야 할 것이 있다. 그것에 대해 이야기해보자.

먼저 문제를 분명히 해야 한다. 직장이든, 개인사업이든, 결혼생활이든, 나는 그것을 평생 유지하고 싶다고 치자. 그런데 현재 이미 그것들 중 하나가 망가졌다면 그것은 다른 문제다. 아직 유지되는 상황에서 이것이 평생 동안 변치 않기를 바라는 경우에만 집중하자. 이는 유지하는 운을 말한다. 유지하는 운이 없는 사람은 반드시 상황이 변하게 되어 도무지 믿을 것이 없다. 그래서 유지하는 운이 필요한 것이다.

뇌풍항

《주역》의 괘상에 뇌풍항雷風恒이라는 것이 있는데, 이것은 오래 유지된다는 뜻이다. 딱히 정해진 것은 없지만, 무엇이든 오래간다는 것을 나타내는 괘상이다. 이 세상에 존재하는 무수한 현상들 중에 어떤 것이 오래가느냐는 간단히 얘기할 주제가 아니다. 어떻게든 오래가는 상황을 뇌풍항이라고 말하는 것이다. 현재의 상황이 오래오래 지속되기를 바라는 것은 바로 뇌풍항이길 바란다는 뜻이다. 이런 운을 얻기 위해 어디로 가서 기운을 얻어야 할까?

제일 좋은 장소는 철로 위를 걸어가 보는 것이다. 오래 걸을수록 좋다. 도심을 떠나면 개방되어 있는 철길이 있다. 그곳을 자주 찾아가 철길을 따라 오래 걸으면 된다. 스키장에 가서 남들이 스키를 타고 있는 모습을 보고 있어도 같은 뜻이 된다. 스케이트장도 마찬가지인데, 직접 스케이트를 타거나 남이 타는 것을 보는 것도 좋다. 연鳶 날리는 장면도 마찬가지다.

철길과 마찬가지로 새로 포장된 길을 따라 계속 걸어보는 것도 같은 운명을 유발시킨다. 또한 두툼한 방석 위에 오래 앉아 있으면 좋고, 어린아이를 업어주거나 업고 있는 것을 보면 아주 좋다. 남에게 업히는 것도 같은 뜻이다. 요점은 그 모습을 영혼이 각인시킨다는 데에 있다. 앞에서 언급한 모든 좋은 장소가 바로 그런 뜻이 있다.

같은 의미로, 바닷가에서 튜브를 타고 놀아보거나 구경하는 것도 좋다. 바람이 불어 낙엽을 쓸어가는 순간을 보는 것도 아주 좋다. 하지만 낚시를 구경하는 것은 안 좋다. 사기를 당했다면 기필코 복수해야 한다. 그러지 못하면 유지하는 운이 손상된다. 물론 그 전에 사기를 당하지 않도록 미리 조심해야 하겠지만 말이다. 앞에서 말한 장소에 찾아가기 어렵다면 좋은 베개를 사용해보는 것도 좋겠다. 좋은 베개를 쓰면 어떤 운명이든 오래 유지할 수 있다.

33

운명의 존재와
복 받을 자격

운명은 과연 있는가? 이 질문에 대해 대부분의 과학자들은 '없다'고 답한다. 그러나 과학자들의 대답은 별로 과학적이지 않다. 운명이 없다는 과학적인 증거가 없기 때문이다. 이럴 때는 '모른다'고 대답하는 것이 옳은 것 아닐까? 운명이 있는지 없는지 모르는 상황에서 무슨 근거로 그렇게 자신 있게 없다고 말하는지 모르겠다.

　그렇다면 운명이 있다는 증거는 있는가? 이는 물증의 문제가 아니다. 논리적으로 풀어야 하는 것이다. 과학자들에게 다시 물었다. 미래는 있는가? 이에 대해서 과학자들은 '있다'고 대답했다. 그래서 타임머신을 타고 미래로 갈 수 있다고도 말하는 것이다. 그러나 이 또한 경솔한 대답이 아닐 수 없다. 미래가 있다는 증거가 있는가? 이런 문제는 역시 논리의 문제이지 증거의 문제는 아닌 것이다.

수학자들은 삼각형의 내각의 합은 180도라고 말한다. 그들은 세상에 존재하는 모든 삼각형을 실제로 재본 것은 아니다. 단지 논리적으로 그것을 말할 수 있을 뿐이다. 세상에는 물증보다 논리로 풀어야 할 문제가 훨씬 더 많다. 운명이 있는가의 문제는 논리의 문제로, 과학자들은 미래가 있다고 말하는데 그것이 바로 운명이다.

운명이란 다른 것이 아니라 미래다. 미래가 곧 운명이다. 반면 역사라는 것은 과거를 말한다. 운명과 역사를 광범위하게 정의하면 이렇게 된다. 흔히 '운명에 맡기자'라는 말을 하는데 이는 '시간의 흐름을 보자'는 것과 같다.

물론 '운명이 있는가?'라는 문제는 좀 더 세분할 수 있다. 이것을 '인간에게 운명이 있는가?'라는 질문으로 바꿀 수 있다. 실은 처음부터 운명이란 단어는 인간을 전제로 했다고 봐야 할 것이다. 이제 문제가 정확해졌다. 인간이 아닌 물체들에 관한 것은 그저 단순히 미래라고 정의하고 과학자들은 미래가 있다고 말하는 것이다.

가령 지구의 우주적 미래는 물리학의 운동방정식으로 정확히 풀어낼 수가 있다. 운명이란 것은 일률적으로 정해진 물질의 현상이 아니기 때문에 그것을 정확히 풀어낼 방정식은 존재하지 않는다. 운명이란 한마디로 스케줄인데, 이는 '어찌어찌하도록 되어 있다'는 뜻이다.

물론 그것은 아주 강력한 힘으로 정해진 것이다. 다만 만약 인간이 운명을 미리 알고 있다면 그것을 바꿀 수도 있다. 그렇다면 운명이 바뀌고 난 다음에 보면 처음의 것은 운명이 아니지 않은가! 그렇다. 운명이란, 운명을 모를 때여야 운명이라고 말할 수 있는 것이다.

이와 같은 이야기들은 자연과학에서도 중요한 주제로 다루어지고 있다. 오늘날 첨단과학인 양자역학에서는 이렇게 말한다. 사람이 관측하면 미래가 바뀐다고. 과학에서조차 인간이 관측하지 않았을 때만 미래가 확실하다고 말하는 것이다. 이런 논의의 뜻은 너무 심오하여 간단히 설명할 수가 없다. 쉽게 생각해보자.

운명이란 것은, 그것을 모르고 있는 사람에게 다가오는 그 무엇이라고 해두자. 알면 고치기 때문이다. '운명이 있다'는 것과 '운명을 고칠 수 있다'는 것은 다른 문제다. 그렇다면 운명은 어디에 작용하는가? 예를 들어 교통사고가 나서 팔을 다쳤다면 이것은 팔의 운명인가 그 사람의 운명인가? 이는 간단한 문제다. 당연히 그 사람의 문제일 것이다. 팔 자체는 물질이기 때문에 운명이라 말하지 않고 그저 미래라고 할 뿐이다.

어떤 사람이 취직시험에 떨어졌다고 치자. 이때 그것을 운명이라고 말할 수 있는데, 그 운명은 그 사람의 몸의 운명인가 그 사람의 운명인가? 이는 질문 자체가 안 된다. 당연히 그 사람의 운명이라고 말해야 한다. 그 사람의 몸은 그 사람 것일지언정 그 사람의 주체라고 할 수는 없는 법이다. 어떤 사람의 실체란 바로 그 사람의 영혼을 말하는 것이 아닐 수 없다. 몸도, 뇌도, 그 사람의 영혼의 소유물일 뿐이다. 당초 그 사람이라고 한 것도 영혼에 붙여진 단어다. 따라서 운명의 문제는 그 사람의 영혼의 문제이지 그 사람의 몸의 문제가 아니다.

영혼은 어디에 있는가?

여기까지는 뻔한 문제다. 이제부터가 진짜 문제인데, 인간에게 영혼이 없다면 운명이라고 말할 것이 없고, 그저 미래라고 하는 것이 옳을 것이다. 가령 영혼이 없는 로봇에게는 운명이랄 것이 없고 물리적인 미래만 있다고 말해야 한다. 즉, 운명은 영혼에 속하는 문제인 것이다.

영혼은 우주의 역사 자체도 기록하는 존재다. 이 때문에 무당들이 흔히 '귀신이 곡할' 신통력을 발휘하는 것이다. 무당이 아니라도 미래를 내다보는 능력의 소유자들은 얼마든지 있다. 그들은 영혼을 통해 미래를 내다보는 것이지, 물질인 뇌가 그런 작용을 하는 것이 아니다. 결국 운명의 문제는 영혼이 있느냐 없느냐의 문제로 귀결된다.

영혼이란 크게 보면 인간 이외의 동물에까지 확장할 수 있는 문제다. 동물은 기계가 아니기 때문이다. 로봇은 겉으로는 그럴듯해 보이지만 실은 영혼이 없다. 그래서 로봇이 고장 나면 이는 경제적인 문제이지 동정심을 가질 문제는 아닌 것이다. 하지만 개가 몸을 다쳐 몹시 괴로워하고 있다면 이는 동정해야 할 일이다. 개에게도 영혼이 있을 터이기 때문이다. 물론 이 문제는 아직 확정적인 것은 아니다. 다만 인간에게 영혼이 있다면 개에게도 그것이 있다고 해도 크게 무리는 아닐 것이다.

이 문제에 대한 몇 가지 일화를 소개하자. 과학자 라이얼 왓슨Lyall Watson은 개에 대해 특이한 주장을 했다. 개가 신통력이 있다는 것이다. 예를 들어, 시골에 살고 있는 어떤 개가 주인이 서울에 갔다 오는 날 역전에 마중을 나갔다는 이야기를 종종 듣는다. 개를 오래 길러본 사람은 그런 일을 빈번히 경험한다는 것이다. 개가 어떻게 주인이 돌아오는 날짜를 알까? 이는 사람도 알기 어려운 일이다. 하지만 개는 주인이 오는 날을 알고 마중 나가는 경우가 아주 많다. 이것은 냄새로 아는 것은 아닐 테고, 필경 개의 영혼이 작용한 것이 아닐까 하고 추측해 볼 수 있다. 불교에서는 개뿐만 아니라 모든 동물이 영혼이 있다고 말한다. 하지만 이 자리는 특정 종교의 교리를 얘기하는 자리는 아니기 때문에 이 정도로 해두겠다.

또 다른 학자의 주장을 살펴보자. 데카르트라는 수학자의 일화인데, 그는 인간의 영혼이 뇌의 '송과선'이라는 장소에 있다고 피력한바 있다. 그는 개에게 영혼이 없다고 단정했다. 개를 발로 툭툭 차면서 이렇게 말하는 것이다. "이것 봐. 영혼이 없잖아!" 이는 오늘날 미국이나 영국 같은 나라에서는 동물학대죄에 해당된다. 동물학대! 장차 로봇학대죄라는 것도 나올까? 결코 그렇지 않을 것이다. 로봇에게는 영혼이 없기 때문이다. 하지만 개에게는 영혼이 있다고 보기 때문에 동물학대죄라는 것도 있다. 또한 개는 신통력도 가지고 있는데, 이것은 영혼이 있기 때문이다. 개의 신통력에 관한 것은 나도 여러 번 경험했다.

어쨌건 개에게 영혼이 있느냐 없느냐의 문제는 덮어두고 인간에게만 국한시켜보자. 인간에게 영혼이 있는가, 없는가? 영혼이란 물질과 다른 양陽의 속성을 가졌다. 이것은 인간에게

'자유의지'가 있느냐 없느냐의 문제와도 연관된다. 로봇의 경우는, 자유랄 것이 없고 조건에 대한 반사작용으로써 상황에 따른 현상만 있을 뿐이다. 요즘 유행한다는 인공지능도 마찬가지다. 지능은 있으나 영혼이 없음이 분명하다.

만약 인간에게 영혼이 있다면 자유의지가 있어야 하고, 영혼이 없다면 자유의지라는 것도 있을 수가 없다. 물질은 자유가 없기 때문에 그것의 조합도 자유라는 것은 없는 법이다. 흔히 지능이 있으면 그것을 마치 생명력이 있는 것처럼 착각하는데, 그것은 그저 지능일 뿐이지 영혼과는 거리가 멀다. 영혼은 자유의지가 있고 그에 따른 책임이 존재한다. 이 문제는 영혼에 관한 핵심적인 부분으로서 자유의지의 전제조건이다.

운명이 있다는 것은 공정한 미래가 존재한다는 뜻

너무 어려운 내용이므로 쉬운 예를 들어 설명해보겠다. 여기 어떤 사람이 있다고 치자. 그는 너무 큰 죄를 짓고 도망갔다. 가령 100명을 살해하고, 100명을 강간하고, 100명의 불쌍한 사람들에게 강도짓을 했다고 하자. 이 사람은 아르헨티나로 도망가서 평생을 숨어 살았다. 그리고 그곳에서 죽었는데 이로써 그만인가? 히틀러 같은 독재자들은 수백만 명을 학살하고 죽음이라는 곳으로 도망을 갔다. 죽으면 죄가 사라지는가를 묻고 있는 것이다.

사람이 작정하고 죄를 지으려고 하면, 그야말로 엄청난 죄를 지을 수 있다. 예를 들어 어느 독재자가 심심해서 핵폭탄을 터트렸다고 하자. 자신이 병들어 죽기 바로 직전에 말이다. 재미로 핵폭탄을 터트려 수백만을 죽이고 체포되기 전에 죽어버리면 어떠한 책임을 지지 않아도 되는가? 영혼이 없다면 그렇게 된다. 인간이 아무 짓이나 해놓고도 책임을 지지 않는 것이다.

하지만 이래서는 우주가 유지될 수가 없다. 그래서 당초 우주에 만물의 영장(죄지을 능력이 있는 존재)이 태어났을 때, 그가 자기가 저지른 죄에 대해 책임을 지도록 만들 수밖에 없었다. 그게 바로 영혼인 것이다. 영혼이 없다면 우주는 허수아비의 세계일 뿐이다. 이래서는 대자연의 존재의미가 없다. 영혼이라는 것은 우주를 의미 있게 만들기 때문에 처음부터 존재할 수밖에 없었다. 그 외에도 영혼이 존재해야 할 이유는 무수히 많다.

이제 운명에 대해서 얘기해보자. 영혼이 있으면 인간에게 벌을 줄 수도 있고 상을 줄 수도 있다. 죄라든가 공적에 맞게 말이다. 영혼이 없으면 벌 받다 죽으면 그만이다. 아주 큰 죄를 짓고도 죽으면 그만이라면 온 세상은 죄인들로 가득할 것이다. 누구라도 마음 편히(?) 죄를 짓고 살 것이다. 제멋대로 살면서 자기 이익만 실컷 챙기면 되는 것이니까. 그러나 우주 에는 영혼이란 것이 있어서 상벌이 한 치의 오차 없이 시행될 수 있다. 바로 그것이 운명이다. 운명이란 상이 될 수도 있고 또한 벌이 될 수도 있다.

어떤 사람에게 유난스러운 어떤 특징이 있을 때, 그 이유가 바로 운명 때문이라는 뜻이 된다(도화살, 역마살 같은 말을 들어보 았을 것이다). 이는 세상이 공정하다는 뜻도 된다. 결론은 영혼 이 있으므로 운명도 있다는 것이다. 운명이란 영혼에 작용하 는 가장 강력한 힘이다. 만일 운명이 없다면 영혼은 죄를 지으 면서 제멋대로 살아도 될 것이다. 그러나 운명이 있으면 영혼 은 운명에 지배를 받기 때문에 자신의 삶을 조절할 수밖에 없 다. 즉 자신의 행복을 건설하기 위해 자유의지를 양심적으로 사용하게 된다는 뜻이다.

운명이란 법질서와 같은 의미다. 영혼을 제재할 수 있는 것 은 이것밖에 없다. 하늘은 운명이란 것을 통해 우주를 제어하 고 있는 것이다. 옛 성인은 이렇게 말했다. 앞에서 언급했지만, 중요한 이야기이므로 한 번 더 새겨두기 바란다.

선을 행한 자에게는 경사스런 일이 기다리고積善之家 必有餘慶
악을 저지른 자에게는 재앙이 기다린다積不善之家, 必有餘殃.

운명은 있다. 또한 있어야 한다. 운명을 어렵게 생각할 것 없다. 그저 공정한 미래가 존재한다는 뜻이다. 물질세계에서는 미래의 일이 착착 정해져 있는데 그것을 힘이라고 부른다. 물질은 힘에 의해 미래가 정해지고 영혼은 운명으로 미래가 정해지는 법이다. 그렇다면 여기서 궁금한 것이 하나 있다. 운명이 이유가 있어서 그렇게 정해지고 어떻게 그것을 바꿀 수 있단 말인가!

그러나 이 문제는 아주 쉽다. 운명이란 것은 강도가 있다. 어떤 운명은 너무 강하게 정해져 있어 고칠 수 없다. 이것은 '천명天命'이라고 부른다. 하지만 운명 중에는 아주 약한 강도로 정해진 것도 있다. 그럴 경우 이는 언제든지 바꿀 수 있다. 실은 아주 강한 운명이라 하더라도 이것을 미리 알 수만 있다면 고칠 수 있다.

그렇다면 하늘이 운명을 고치는 인간을 그냥 내버려둘까? 단언컨대 그렇다. 인간(영혼)에게는 자유가 있다. 그것을 행사하여 운명마저 고친다면 그 또한 좋은 일이다. 사실 문제는 그게 아니다. 우리는 이제까지 장소의 위력에 대해 알아보았는데, 과연 그 힘이 하늘이 정해놓은 운명도 이길 수 있을까? 이길 수 있다. 이는 '천지인天地人'의 섭리로써 가능하다. 이 장에서는 운명이 있다는 것을 주지해야 할 것이고, 또한 그것이 영혼이 존재하기에 가능하다는 것을 알아두면 된다.

핵심은 영혼이다. 영혼은 하늘에게 운명을 받고, 또한 스스로 운명을 만들어나가는 존재다. 이는 음양의 대섭리다. 노자는 《도덕경》에서 이렇게 말했다.

만물은 음을 지고 양을 끌어안고萬物負陰而抱陽
충기로써 화합한다冲氣以爲和.

'충기로써 화합한다'는 말은 음과 양, 두 가지 기운이 부드럽게 부딪쳐 화합한다는 뜻이다. 여기서 음이란 책임져야 할 운명이다. 양은 운명을 고칠 수도 있는 자유의지다. 음과 양은 서로 대비되는 개념으로서, 이 둘의 조화에 의해 세상이 운영된다. 운명을 알고 그것을 고치고 싶다면, 음양의 조화를 잘 알아야 한다. 음양의 조화란 자연스러움을 말하는데, 이것은 곧 분수를 잘 지키는 것이다. 그러니 분수를 알고 잘 지키는 것이야말로 복 받을 자격인 셈이다.

34

운명에도
레벨이 있다

사람에게는 신분이란 것이 있다. 그 사람의 사회적인 위치나 계급이 신분인데, 이것이 그 사람의 많은 것을 말해준다. 특히 옛날에는 신분에 대한 차별이 굉장히 심해서, 누굴 만나든 먼저 양반이냐 상놈이냐를 따졌다. 물론 그 차이는 엄청났다. 양반은 나이와 상관없이 상놈에게 이래라 저래라 반말로 함부로 대했다. 하지만 상놈은 돈이 많든, 인격이 훌륭하든, 힘이 세든, 재주가 많든, 제대로 사람 취급을 못 받았다. 현대 사회로

접어들면서 신분제도는 사라졌지만, 여전히 신분에 따라 사람이 나눠지기는 한다. 예를 들어 누군가가 국회의원이라면 그는 사회적으로 공인된 아주 높은 위치에 있다고 할 수 있다. 또 어떤 사람이 인간문화재라면 그 역시 자기 분야에서 대단한 위치에 오른 셈이다.

어쨌거나 나는 과거에 태어나지 않았던 것을 상당히 다행스럽게 생각했다. 뭐 그렇다고 해서 내가 지금 시대에 버젓한 신분이 있는 것은 아니다. 단지 상놈은 아니라는 것뿐이다. 요즘 젊은이들은 금수저니 흙수저니 하면서 세상을 원망하지만, 사실 이제는 양반, 상놈 같은 타고난 신분이 없으므로 노력만 하면 제법 그럴듯하게 사람행세를 할 수 있다.

게다가 이 시대는 신분을 결정하는 요인이 재산·집안·학벌 말고도 다양하다. 지식이나 지혜가 깊은 사람이 사회적으로 높은 위치에 올라갈 수도 있다. 나는 어려서부터 책을 많이 읽었기 때문에 남들이 아는 만큼은 알고 살아간다. 이런 것도 신분이라면 신분이다. 하지만 이런 신분은 남이 알아주는 것은 아니어서 내놓고 자랑할 만한 것은 못 된다.

물론 그렇다고 내가 원하는 특별한 신분이 있는 것은 아니다. 나는 국회의원도 싫고, 명예도 싫고, 사장도 싫다. 그저 돈이 좀 많았으면 하고 바란 적은 있다. 돈이라니? 참 우스운 얘기다. 돈이 많아지면 사람이 얼마나 힘들어지는지 나는 자주 목격했다. 그런데도 나는 왜 그런 생각을 가졌을까?

요즘은 돈으로 안 되는 일이 없다. 돈이 많으면 그 자체가 최고의 신분이 된다. 그래서 요즘은 국회의원이든, 장관이든, 인기 연예인이든, 스포츠 영웅이든, 그들의 최종적인 목표가 오로지 돈이다. 돈은 가장 높은 신분을 보장하는 수단이다.

그런데 돈보다 더 위대한 것이 있다. 바로 운명이다. 이는 한 사람이 평생 사는 동안 정해진 절대적인 신분이다. 부자는 높은 신분이기는 하지만 언제 망할지 모르고 돈 때문에 감옥에 갈 수도 있다. 그렇게 되면 하루아침에 신분이 바뀌게 된다. 하지만 운명이라는 것은 세상이 아무리 변해도 움직이지 않는 그 사람의 절대신분인 것이다.

그런데 과연 이런 것이 있을까? 분명히 있다. 운명이란 사람마다 레벨이 있어 일정하게 유지되는 법이다. 이 문제에 대해 실제 사례를 들어가며 차분히 생각해보자. 나는 기억력이 좋아서 이제까지 만난 수많은 사람의 인생행로를 상세하게 알고 지낸다. 일부러 사람들의 일생을 조사해둔 것은 아닌데, 저절로 많이 알게 되었다.

내가 아는 W는 30년 전에도 별 볼 일 없는 사람이었는데 지금도 여전하다. 어째서 30년이나 지났는데 그 한계에서 벗어나지 못했을까? 이는 간단한 문제다. 그는 운명의 레벨이 그만큼밖에 안 되기 때문이다. 다른 사람 N을 보면 30년 전에도 대단한 사람이었는데 지금도 대단하다. 대단한 상태를 계속 유지하고 있는 것이다. N은 어째서 망하지 않았을까? 이 또한 마찬가지이다. N은 운명의 레벨이 그만큼이기 때문이다.

나는 W나 N 같은 사람들을 무수히 봐왔다. 사람은 좀처럼 운명의 레벨이 바뀌지 않는다. 그렇기 때문에 인생에서 가장 중요한 것은 운명의 레벨이다. 운명으로 정해지는 신분은 영화를 촬영할 때 배우에게 어떤 배역이 정해지는 것처럼, 인생에서 그 사람이 맡게 된 역할이다. 사람의 신분이란 결국 그 사람의 운명의 신분이라고 봐야 하지 않겠는가!

그렇다면 인생에서 최우선적으로 할 일은 무엇일까? 바로 운명의 레벨, 운명 신분을 높이는 일이다. 이것을 높이지 않으면 아무리 노력해도 결실을 맺지 못한다. 영화에 출연하는 배우가 아무리 노력해도 각본을 넘어설 수 없듯이, 운명 신분이란 바로 그런 것이다. 영화의 각본 같은 것. 아무리 연기력이 뛰어나도 각본의 수준이 낮으면 영화는 성공할 수 없다. 운명의 레벨을 무조건 높여야 한다. 방법은 무엇이든 상관없다. 운명의 레벨이 높아져야 좋은 운명이 오는 것이니 찬밥 더운밥 가릴 때가 아니다.

운명의 레벨에 대한 애절한 얘기가 하나 있다. C는 여자인데 그녀는 운명의 신분을 높이고 싶었다. 아주 간절히 원했다.

어디서 그런 공부를 했는지는 모르겠는데, 그녀는 운명 신분의 개념을 확실히 알고 있었다. 그래서 무엇보다도 운명의 레벨을 높이는 데 애를 많이 썼다. 그녀의 방법은 이런 것이었다. 그녀는 항상 고급 정장만 입었고, 소지품이나 장식품 등도 모두 명품만 고집했다. 품위를 높이기 위해서였다. 커피 한잔을 마셔도 호텔 커피숍에 갔고, 밥도 고급 레스토랑에서만 먹었으며, 동네 구멍가게에서 사도 될 물건을 굳이 백화점에 가서 샀다. 그래야 고급스러운(?) 인생처럼 보이기 때문이다.

그녀는 운명을 고치려면 먼저 겉모습이나 생활수준을 높여야 한다고 생각했다. 그래야 운명도 고급스러워진다는 것이다. 어쨌거나 그런 사치스러운 생활 덕분에 그녀는 부자처럼 보였다. 하지만 그 노력은 애처로웠다. 어떤 면에서는 그녀의 방법도 전혀 일리가 없는 것은 아니지만, 요점을 잘 모르는 것 같아 안타깝다.

부자 흉내를 낸다고 부자가 되는 것은 당연히 아니다. 오히려 부자를 흉내 내느라 쓸데없는 데 돈을 낭비하고 금세 가난해진다. 운명개선은커녕 상당히 흉한 자세인 것이다. 하지만 운명에 관한 정밀한 원리를 모르는 그녀로서는 어쩔 수 없는 선택이었을 것이다.

나는 그녀를 오랜 세월 봐왔는데 인생이 점점 무너져가고 있었다. 빚이 늘어나 우울증도 생겼다. 옆에서 보기에 민망할 정도다. 그러나 그녀는 자기 확신이 너무 강해서 내 조언도 듣지 않았다. 나도 더 이상 그녀를 봐줄 수가 없었기 때문에 아예 입을 다물어버렸다.

운명의 신분을 고치려는 그녀의 생각은 결코 나쁘지 않았다. 다만 그 방법이 아주 나빴을 뿐이다. 어쩔 수 없는 일이다. 운명 전문가인 내가 뻔히 보고 있었지만 고쳐줄 수가 없었다. 그 또한 그녀의 운명일까?

애절한 얘기는 여기까지 하고 다시 우리의 문제로 돌아오자. 운명의 신분! 이것을 고쳐야 함은 절대로 옳은 일이다. 단지 방법을 제대로 알고 고쳐야 한다. 여러 가지 방법이 있겠지만 여기서는 장소의 기운에 대한 것에만 집중하자. 운명의 신분을 상승시키려면 어떤 장소의 기운을 받아야 할까? 현재 어떤 운명이든 상관없다. 운명의 신분을 높일 수 있는 방법을 소개한다.

화택규

신분이 달라지는 것(혹은 높아지는 것)을 《주역》의 괘상으로는 화택규火澤睽라고 하는데 이는 '지금 있는 곳에서 떠난다'는 뜻이다. 신분을 고치기 위해서는 지금 신분에서 떠나야 하는 것이 당연하다. 물론 떠나고 싶다고 해서 떠날 수 있는 것은 아니다. 운명이란 밖에서 나도 모르게 은근히 나타나는 법이다. 화택규에 해당되는 장소를 찾아보자.

물이 말라서 바닥이 다 드러난 연못! 이런 곳을 찾아볼 수만 있다면 운명의 신분을 고치는 데 최고다. 바닥이 마른 논도 좋다. 밭은 안 된다. 반드시 논이어야 한다. 사람이 다 빠져나간 운동장도 같은 효과가 있다. 실내체육관은 효과가 반감된다.

불꽃놀이를 하고 있는 현장에 가보면 아주 좋다. 또한 사격하는 장면이나 미사일 발사 장면도 아주 좋다. 미사일 발사 장면을 직접 볼 수는 없겠지만, 사격은 사격장에서 직접 보는 것이 좋다. TV로 보는 것은 직접 보는 것보다 효과가 적은데, 그래도 전혀 효과가 없는 것은 아니다.

메마른 구덩이를 구경하는 것도 좋다. 건물 공사장에 가보면 땅을 파놓고 아직 메우지 않은 곳이 있는데 그런 데 가보는 것도 좋다. 보석상, 금은방의 진열품을 보는 것도 좋다(안 사도 된다). 동해바다의 일출을 보는 것도 아주 좋다(일부러 찾아갈 만하다). 그곳에 묵으며 한 열흘쯤 매일 일출을 바라보면 운명의 신분이 반드시 바뀔 것이다. 깨끗이 청소된 방바닥을 보면 좋다. 깨끗한 방바닥은 우리 집이 아니어도 상관없다.

35

운명적인 재회가
기다리는 곳

벌써 20년 전의 일이 되어버렸지만, 1998년 현대그룹 정주영 회장의 소떼 방북 사건은 지금도 심심치 않게 회자되는 이야기다. 그분은 1,001마리의 소떼를 몰고 휴전선을 넘어 북한으로 향했다. 당시 우리나라는 IMF 외환위기 직후여서 경제적으로 매우 어려운 상황이었고 남북관계도 얼어붙어 있었는데, 이 사건을 계기로 남북 간 민간교류가 비약적으로 발전하게 되었다. 어쨌거나 여기서는 정치적 이슈는 따지지 않고, 소떼를 몰고 고향땅을 찾아갔던 정 회장의 모습만을 조명하겠다.

나는 당시 뉴스에서 이 소식을 접하고 애절하고도 쓸쓸한 마음이 들었었다. 왜냐하면 정 회장의 명이 다해가는 것이 느껴졌기 때문이었다. 사람은 나이가 들수록 고향을 그리워하는 법이다. 이는 영혼이 이 땅에 처음 도착한 그 순간을 그리워하는 것인데, 육체의 기력이 빠지면 그리운 마음은 더욱 강해진다.

사람이 고향을 찾는 데는 많은 뜻이 담겨 있다. 생명이 시작된 그곳을 찾아가봄으로써 그 땅의 기운을 다시 느끼고자 하는 것, 그리고 아직 남아 있을지도 모르는 추억의 흔적을 찾고자 하는 것이다. 정 회장은 17세 때 아버지가 소 판 돈 70원을 몰래 들고 가출한 실향민이었다. 그 소 1마리 값을 1,001마리로 고향에 갚고자 한 것이다. 어릴 적을 생각하며 고향 사람들에게 선물을 하고 싶었던 것이 아닐까! 소는 농촌에서 최고의 선물이니까 말이다.

당시 이 사건이 갖는 정치적인 의미는 정 회장에게 그리 큰 문제가 아니었을 것이다. 그저 죽기 전에 고향땅을 다시 한 번 밟아보고, 그곳 사람에게 선물이라도 안기고 싶었을 것이다. 또한 자신의 성공을 고향 사람들에게 알리고 싶은 마음도 있었을 것이다. 인간이라면 누구라도 가질 만한 마음이다.

고향은 생명력의 유지를 뜻한다. 나도 가끔 고향을 찾아 그

땅을 밟아보며 나의 존재를 확인해보곤 한다. 나야 대수로운 인물이 아니어서 고향을 찾는 게 별일 아니지만, 정 회장이 이북의 고향땅을 밟는 것은 모든 실향민들의 그리움과 안타까움을 대변하는 일이었다. 사람은 누구나 고향을 그리워한다. 고향땅을 밟고 삶의 기운을 재충전하고 싶어 한다. 고향이 자꾸 그리워진다면 현재 그만큼 기력이 쇠퇴했다는 뜻이다.

나도 가끔 지칠 때면 고향을 찾아 기운을 얻는다. 고향 사람들도 만나고 싶지만, 지금은 남아 있는 사람이 없다. 내 고향이 서울이어서 그럴 것이다. 서울은 계속 변해가는 곳이라서 그곳에서 어릴 적 흔적을 찾아보기는 힘들다. 다만 그곳에 가보면 잊고 살았던 많은 사람들이 하늘의 별처럼 떠오른다. 나는 그런 기억이 좋아서 고향에 자주 찾곤 했다. 마음속 추억은 어디 가서나 마찬가지일 것 같아도, 고향에 가보면 그 느낌이 아주 새로워진다. 세세한 순간들까지 선명하게 떠오르기 때문이다. 그들은 지금 어디 가서 어떠한 삶을 살고 있을까?

대개는 각자의 삶이 바쁘기 때문에 옛 생각을 할 겨를이 없을지도 모른다. 그러나 그들도 가끔은 나처럼 옛 친구들을 생각하지 않을까! 사이가 나빴던 아이도 생각나고, 철모르게 친했던 옆집 여자아이도 생각난다. 이들을 만나면 옛날 고향의 맛도 느낄 수 있으련만….

사람은 고향땅 못지않게 지나간 세월의 누군가를 그리워하는 법이다. 그 사람이 싫었든 좋았든 말이다. 그저 내가 존재하듯 그 사람이 존재한다는 것을 느끼고 싶고, 인생이 길고도 길다는 것을 느끼고 싶은 것이다.

떠나간 옛사람을 만나게 되는 운명은 없을까? 있다! 어떤 사람은 오래전에 만난 사람들을 거의 모두 찾아내어 연락하며 산다. 나는 그런 사람이 한 명도 없지만, 그는 헤어진 옛사람들을 100명도 넘게 만나고 있다. 그 기분은 어떨까? 나는 잘 모르지만 그렇게 해보고 싶은 사람에게 필요한 장소를 소개하겠다.

수천수

옛사람을 만나게 하는 운명의 장소는 어디일까? 기차역 대합실이라면 옛사람을 만날 수 있지 않을까? 기차역 대합실은 《주역》의 괘상으로 수천수水天需에 해당되는 곳인데, 이는 기다림 끝에 도래한다는 뜻이다. 또한 공급을 의미하는데 옛정을 나누며 기운을 얻는다는 뜻도 있다. 그런 장소로는 운동장이 보이는 학교 정문이나 고궁의 정문 등이 있다. 그런 곳에서 시간을 많이 보내면 옛사람을 만날 운명이 생길 것이다. 배신하고 떠난 애인이라든가 잊지 못할 첫사랑을 다시 만날 수도 있다.

36

|

이혼, 결별을
갈망하는 사람

어느 통계를 보니 우리나라 사람들의 이혼율이 OECD 국가 중 1위이고, 하루 평균 400쌍이 이혼을 한다고 한다. 전 세계적으로 이혼이 증가하는 추세라니 우리나라도 그에 영향을 받겠지만, 그래도 참 놀라운 수치다. 그렇다면 왜 이혼하는 부부가 이렇게 늘었을까? 전문가들은 대표적인 이유로 일하는 여성의 증가와 여성들의 경제적 자립을 꼽고 있다. 일리가 있다고 생각한다. 옛날 같으면 이혼을 한다는 것이 곧바로 생계와

직결되었기 때문에, 경제적으로 홀로 설 수 없는 여성의 입장에서는 가정에(정확히 말하면 남편에게) 불만이 있어도 그냥 참고 사는 게 보통이었다. 하지만 지금은 여성도 할 말을 하고 권리를 당당하게 요구하는 세상이 된 것이다.

이는 당연히 바람직한 일이지만, 걱정되는 것이 하나 있다. 옛날과 정반대로 여성만 할 말을 하고 남성은 점점 말을 못하고 사는 사회가 되는 것이 아닐까? 실제로 인류학자들은 그렇게 전망하고 있다. 22세기에 이르면 정치를 비롯해서 사회의 모든 권한이 완전히 여성에게 옮겨간다는 것이다. 생물학자들 역시 이에 대해 아주 암울한 견해(거의 학설)를 내놓았다. 남성의 능력은 점점 퇴화하고 여성의 능력은 점점 진화한다는 것이다. 아무튼 좋다. 모든 것은 자연의 섭리일 테니까…. 좌우간 이번 장에서는 이혼에 대해 좀 더 얘기해보겠다.

옛날에는 이혼이라는 단어 자체가 금기시되거나 불쾌감을 주었다. 하지만 요즘은 누구나 쉽게 이혼이라는 단어를 떠올린다. 일부 미래학자들은 아예 지금의 결혼제도가 20~30년 이내에 완전히 사라질 거라고 예측한다. 지금처럼 서로에게 종속되는 관계는 곧 사라질 것이라는 말이다. 가까운 장래의 일이니 두고 볼 일이다. 여기서는 왜 그렇게 된다는 것인지 그 이유나 따져보자.

현재의 결혼제도는, 결혼으로 인한 의무와 구속에 비해 행복이 적다. 즉 결혼의 의미가 과장되어 있다는 뜻이다. 그럴 것이다. 요즘 남녀는 결혼하는 순간, 두 사람의 행복보다는 미래의 생존 또는 자녀 양육에 모든 힘을 다 쏟아붓는다. 그러다 보니 미래를 위한다는 미명으로 현재를 희생시켜 결혼생활이 도무지 재미가 없어진다. 그래서 가까운 미래에는 사람들이 결혼을 하더라도 서로에 대한 의무와 구속의 정도가 훨씬 적어지고, 각자 자유롭게 현재를 누리게 될 것이라는 전망이다. 가령 부부에게 각자 애인이 있다거나, 처음부터 재산이 분리되어 있다거나, 양육의 의무가 정확하게 반반으로 분담된다거나 하는 것처럼 말이다.

그리고 이혼이란 것도 지금처럼 심각한 일이 아닌, 일상에서 쉽게 일어나는 자그마한 사건이 될 뿐이라는 것이다. 이 또한 정말 그렇게 될지 두고 볼 일이다. 사필귀정事必歸正이란 말도 있듯이 세상은 자연스럽게 흘러가는 법이다.

오래전의 일이다. K는 무려 15년이나 연애한 끝에 결혼을 하게 되었다. 나는 진심으로 축하해주었는데, 그의 반응이 뜻밖이었다.

"축하는 무슨…. 형님, 나 지금 미칠 지경이란 말이에요."

"뭐라고? 그게 무슨 말이니?"

나는 놀랄 수밖에 없었다. 오랜 연애 끝에 결혼을 하게 되었으니 행복하지 않겠는가! 그러나 K는 심하게 꼬인 말을 해 댔다.

"나는 하나도 행복하지 않아요. 자살하고 싶다고요!"

"거참. 어째서 그러니?"

나는 다시 물을 수밖에 없었다. K는 다시 말했다.

"나는 할 수 없이 결혼하는 거예요. 15년이나 연애를 했으니 책임을 져야 할 것 아니에요?"

그는 울상이 되었고 며칠 후 결혼했다. 그로부터 오랜 세월이 흘렀는데 그는 별 탈 없이 살고 있다. 그리고 내내 행복한 표정이다.

내 생각에 그는 앞으로 오래오래 행복하게 살아갈 것 같다. 결혼이란 그런 것이다. 연애는 연애의 행복이 있고, 결혼은 결혼의 행복이 있는 법이다. 연애가 지루했다고 해서 결코 결혼이 재미없는 것은 아니다. K는 어쩌면 결혼을 안 하려고 미루다 보니 사는 게 재미없었을지도 모른다. 이제 막상 결혼을 해 보니 새로운 행복을 알게 된 것 아닐까?

그는 오히려 이혼 같은 것은 꿈도 꾸지 않을 것이다. 그는 "15년이나 연애를 했으니 책임져야 하는 것 아니에요?" 하고 말했는데, 거기에 더해 결혼까지 했으니 영원히 책임져야 하지 않겠는가! 그냥 웃자고 하는 얘기지만, 받아들이기에 따라 깊은 뜻이 있다.

L의 얘기를 해보자. 이 역시 오래전의 일이다. 그는 일찍 결혼해서 자식도 둘이나 있었다. 그런데 어느 날 사건이 생겼다. 간통을 하다가 현장에서 체포된 것이었다. 당시에는 법적으로 간통사건이 성립하려면 이혼을 해야만 했다. L의 아내는 기필코 복수하려고 이혼을 하면서까지 사건을 성립시켰다. 그 결과 L은 6개월 실형을 받고 복역했다.

석방된 후 L은 아무 일 없다는 듯이 본래의 자기 집으로 찾아왔다. 법적으로 이혼한 아내도 태연하게 L을 받아들인 것이다. 자식들도 6개월 만에 나타난 아버지를 반가워했다. 그러고는 예전처럼 잘 살아가고 있는 중이다.

바람피우는 버릇은 아마도 고쳐지지 않았겠지만, L은 한 번 탄로가 났으니 보안(?)을 더욱 철저히 강화했을 것이다. L은 그 아내와 다시 혼인신고는 하지 않은 채로 평화스럽게 살아가고 있다. 전보다 더 친밀해지고 행복한 모습이었다. 그들은 영원한 부부인 것이다. 이혼을 했어도 이혼이 아니고, 한 사람이 지은 죄도 그들을 갈라놓지 못했다. 영원히 행복하기를….

P를 보자. P는 남편이 이혼을 요구하고 있다. 그녀는 돈이 많아서 이혼을 하더라도 경제적인 곤란을 겪을 일도 없고, 돈 외에도 남편으로부터 도움을 전혀 받지 않는 상태로 결혼생활을 유지하고 있다. 또한 P는 남편을 사랑하지 않는다고 말한

다. 남편은 5년 전부터 그녀에게 이혼하자고 해왔는데, 법으로는 잘 안 되는 모양이다. 나는 그녀에게 물어봤다.

"남편과 서로 사랑하는 것도 아니고 매일 얼굴을 보는 것도 아닌데 어째서 이혼을 안 합니까? 이혼을 안 하려면 화해하고 행복하게 살아야지요!"

나의 질문에 P는 깔깔대며 대답했다.

"화해요? 사랑을 안 하는데 화해는 왜 해요? 나는 그 인간하고는 절대 화해 안 합니다. 한 방에 있지도 않을 거고요. 그 인간 얘기만 나와도 소름끼쳐요."

나로서는 P의 대답이 납득이 되지 않았다. 그토록 소름끼칠 정도로 증오한다면 이혼을 하는 게 낫지 않을까! 자식도 없고 스스로 살기에 충분한 돈도 있는 데다 남편에게 받을 것이 아무것도 없는 상황이니 말이다. 나의 반문에 그녀는 다시 대답했다.

"선생님, 뭘 모르시네요. 내가 그 인간하고 이혼하지 않는 이유는 단 한 가지뿐이에요. 내가 이혼해주면 그 인간은 자유로워지잖아요. 나는 눈에 흙이 들어와도 그 꼴은 못 봅니다…"

P는 미소를 짓고 있었다.

그녀는 남편이 자유로워지는 것을 막기 위해 이혼을 안 하겠다는 것인데, 그로 인해 자신도 자유롭지 못하고 거기 얽매여 산다는 것을 왜 모를까? 내가 이 점을 물으니 그녀는 이렇게 대답했다.

"나는 괜찮아요. 나도 그 인간 때문에 자유롭지 못하다는 것을 알지만 그 정도는 견딜 수 있어요. 하지만 그 인간이 자유로워지는 것은 절대 안 되요. 그럼요."

P의 얘기는 여기까지다.

결혼의 행복을 찾은 K, 이혼 후에도 여전히 부부로 사는 L, 남편이 자유로워지는 것이 싫어 이혼을 안 해주는 P…. 이혼의 어려움을 생각해보자는 의미로 든 사례였다. 그리고 결혼 생활은 참으로 다양한 모습으로 유지된다는 것도 알 수 있을 것이다. 마지막으로 한 사람만 더 얘기해보자.

J는 남들이 보기에 행복한 결혼생활을 하고 있다. 돈도 있고, 자식도 있고, 부인과 사이도 좋아 보인다. 그런데 돌연 이혼하고 싶다는 것이다. 이유는 단 한 가지, 그저 자유로워지고 싶다는 것뿐이다. 자유? 그것이 그토록 소중하단 말인가! J는 이혼을 해서 불행해지는 한이 있어도 반드시 이혼하고 싶다고 말했다. 세상에는 이런 사람도 있는 것이다. 모든 것을 다 떨쳐버리고 싶은 사람, 명리학에서는 이런 사람에게 '유혼幽魂이 들었다'고 말한다.

어디론가 떠나버리고 싶은 사람, 또는 고독이 그리운 사람 등이다. 그런데 J는 부인과 자식이 이혼을 반대하고, 법적으로도 불가능했다. 이 또한 그 사람의 운명인 것이다. 하지만 이혼하고 싶어 하는 그 사람의 소망은 어찌하면 좋을까? 강제로(?) 그런 운명을 만들 수밖에 없다. 이런 사람들이 나에게 조언을 구하러 찾아오면, 나는 그들에게 이혼 후에 후회하더라도, 나를 탓하지는 말라고 미리 얘기해둔다.

천지부

정말 운명을 고쳐 이혼할 방법이 있을까? 이 방법은 J처럼 마음속으로 이혼을 갈망하는 사람을 위한 처방이다. 이혼이 옳은지 그른지는 이 책이 다룰 주제가 아니다. 먼저 《주역》의 괘상을 보자. 천지부天地否라는 것이 있는데 이 괘상은 음양이 서로 갈라서 있는 모습이다. 즉 이혼의 운명을 보여주고 있는 것이다.

어떤 장소에 해당될까? 비탈진 길이 그런 곳이다. 산비탈은 아니고 동네에 있는 비탈진 곳을 말한다. 이런 곳은 음양이 서로 만나지 못하게 하는 효과가 있다. 따라서 이혼을 원하는 사람이라면 그런 곳에 자주 다니면 좋다. 조심해야 할 것은 현재 결혼을 꿈꾸는 커플이다. 그런 사람들은 이런 곳에 다녀서 이로울 것이 하나도 없다. 언덕길이 계단으로 되어 있으면 괜찮지만, 계단이 없는 비탈길은 천지부에 해당된다.

완만한 비탈은 아니고, 경사가 심해야 한다. 계단이 없고 올라가기에 아주 힘든 그런 비탈 말이다. 이런 곳이라면 살기에도 꽤 불편할 것이다. 하지만 남녀가 헤어지길 원한다면 효험이 있는 장소다. 이혼이 아닌 연애도중에 결별하고 싶은 경우도 마찬가지이다. 물론 정말 이별을 원하는 경우여야 한다.

37

비밀을
지킬 수 있는 권리

G라는 사람은 현재는 타계한 분인데, 생전에 인품이 높고 유
명한 사람이었다. G는 어느 날 나를 찾아와 자신의 운명을 물
었다. 자기에게는 한 가지 큰 비밀이 있는데, 그 비밀이 영원
히(그러니까 죽을 때까지) 지켜질 수 있는지를 궁금해했다. 나는
그에게 여러 가지를 묻고 살핀 끝에 그럴 수 있다고 운명적인
판단을 해주었다. 그 말에 G가 아주 행복해했던 것이 기억난
다. 나는 무슨 일이냐고 여러 번 물었는데 G는 한사코 대답해

주지 않았다. 오히려 자기에게 비밀이 있다는 것도 비밀로 해 달라는 것이었다. 나는 궁금할 것도 없어서 더 묻지 않았다.

비밀이란 누구에게나 있을 수 있다. 그리고 그 비밀은 순수하게 자기 것이다. 어떤 사람들은 누군가가 비밀을 가지고 있다는 것 자체를 나쁘게 보기도 한다. 그러나 그 생각은 틀린 것이다. 사람은 비밀을 가질 수 있고, 그것은 나쁜 것이 아니다. 천지인 삼재의 논리에 의하면 인간은 그 누구나 천지인 중 1/3인 자기 몫을 살 권리가 있다. 인생에서 1/3은 순수하게 자기 자신의 것이란 뜻이다. 사랑이든, 종교든, 혹은 그 무엇이든 말이다.

사람의 비밀이란 게 대개는 별것이 아니다. 그저 남에게 보이고 싶지 않은 것일 뿐이다. 프라이버시라고 말하기도 하는데, 좋은 일이든 나쁜 일이든 저 혼자만 간직하고 싶은 사연이 누구에게나 있는 법이다.

인생이란 원래 저 혼자만 사는 세상은 아니다. 가족이 있고, 사회가 있고, 종교나 철학도 있다. 그렇긴 하지만 그중에서 1/3은 자기만의 세상이어도 나쁘지 않다. 비밀이란 부끄러운 것 하고는 완전히 다른 개념이다. 직업상의 비밀도 있고, 그저 남에게 보이기 싫은 개인적인 어떤 문제일 수도 있다. 흔히 남모를 고민이라고 하는 것 말이다.

어떤 사람은 상대방의 모든 것을 알고 싶어 하고, 마찬가지로 자신의 모든 것을 남들에게 털어놓기도 한다. 이것은 그 사람의 주체가 없다는 뜻이다. 그런 사람은 의리가 없고, 신뢰할 수 없는 사람이다. '솔직하다'는 말과 '비밀이 없다'는 것은 다른 뜻이다. 나는 G가 살인을 했다거나 가족에게 몹쓸 짓을 했다고 생각하지는 않는다. 그저 남이 알지 못했으면 하는 것이 있을 것이라고 생각한다.

어쩌면 어린애 같은 사소한 비밀일지도 모른다. 그래도 좋다. 자기만의 비밀이 있다는 것은 주관이 있다는 뜻이다. 세상에는 모든 것을 완전히 공개해도 좋을 그런 사람은 존재하지 않는다. 부부든, 친구든, 부모자식이든, 아무리 가까운 사이라도 털어놓기 어려운 자기만의 세계가 있는 것이고, 이런 것이 있어야 인생의 의미가 더욱 생생해지는 법이다.

비밀이 있으면 고독하고, 고독이 있으면 인생 앞에 당당히 설 수 있다. 어떤 사람들은 고독해질까 봐 무서워서 아예 비밀을 만들지 않는다. 반대로 남들에게 내 비밀을 들키면 큰일 나는 줄 알고 전전긍긍하는 사람도 있다. 인생은 자유로워야 하고, 자유가 있으면 비밀도 있게 마련이다. 만일 세상에 모든 자유가 허용되지 않는다면 비밀은 죄악일 수밖에 없다. 그러나 자유로운 인생, 그리고 자유로워야 할 인생에 비밀이 없으면 안 된다.

아예 비밀이 없다는 사람은 옳지 못한 사람일 것이다. 그런 사람은 비밀이 있는 사람을 싫어하게 되어 있다. 참으로 맹물 같은 사람이 아닐 수 없다. 비밀이란 책임감이 있는 사람에게 존재하는 개념인 것이다.

그러니 남의 비밀을 억지로 캐낼 필요가 없다. 비밀을 지킬 줄 아는 사람은 주관이 있기 때문에 정신이 아주 건강한 사람 이라고 할 수 있다. 아이에게 비밀이 존재하고 그것을 잘 지킬 수 있으면, 그 아이는 하늘 아래 당당히 서 있는 것이다. 이로 써 철들었다고 말할 수 있다. 묵비권이라는 것이 있지 않은가? 다름 아닌 비밀을 지킬 수 있는 권리다. 국가도 개인에게 비밀 을 밝히라고 요구할 수는 없다.

G는 무엇인지 모를 비밀을 간직한 채 세상을 떠났다. 살아 있는 동안 그는 그 비밀을 지키려고 노심초사했었고, 심지어 는 비밀을 지킬 수 있는 운명이 자기에게 있는가를 물었던 것 이다. 그 비밀은 지켜졌던 것 같다. 비밀을 지키고 싶은 사람 에게 도움이 될 만한 장소를 소개하겠다.

지산겸

《주역》의 괘상에 지산겸地山謙이란 것이 있다. 이것은 산이 땅속에 들어가 있는 형상으로 비밀이 굳게 지켜진다는 뜻이 다. 그런 운명을 얻고자 하는 사람은 아주 낮은 산을 자주 방 문하면 된다. 그저 작은 흙덩어리라도 좋다. 유난히 낮은 1층 건물, 납작한 바위들을 보면 좋다. 아주 낮은 지대에 집 몇 채가 있는 동네도 해당된다. 대문은 큰데 집이 아주 작은 경우도 같은 뜻이다.

38

남자를
끌어당기는 곳

'겉돈다'는 말이 있다. 이는 핵심에 다가서지 못하고 건성으로 행동한다는 뜻인데, 사람과 정을 끊을 때 쓰는 방법이기도 하다. 상대방과 마주 서서 미소를 짓고 고개를 끄덕이며 말도 잘 듣는 듯하지만, 자신의 속내를 좀체 드러내지 않고 그저 무탈하게 지내는 것이다. 겉으로 봐서는 나무랄 데가 없는 행동이다. 그러나 이는 정열이 식은 맥 빠진 행동일 뿐이다.

상대방에 대해 깊이 알려고 하지도 않고, 자신을 알리려고 하지도 않는다. 내면을 감추고 어떠한 의견도 내지 않는 것이다. 이런 사람을 보면 분노가 일지만 딱히 잘못한 점을 찾아낼 수가 없다. 그는 이미 마음이 떠나가고 있는 중인데, 겉으로 시비 붙기 싫어서 긍정적인 자세를 취하고 있는 것뿐이다. 하지만 누구나 육감으로 느낄 수 있다. 왠지 교류가 안 되는 느낌을 받기 때문이다 정이 없고 로봇처럼 반응할 뿐이라 도무지 어떻게 할 방법이 없다.

이런 사람과는 단교할 수밖에 없는데 그것이 불가능한 관계가 있다. 해결하려야 해결할 방법이 없고, 헤어지려야 헤어질 수 없는 인간관계! 소위 평행선을 달리는 관계로, 이런 상태라면 그저 세월만 흘러갈 뿐이다.

헤어지면 그만 아니냐고 할지 모르지만 이미 그럴 수 없는 관계이면 어떻게 한단 말인가. J라는 여성이 나를 찾아와 하소연했다. 그녀는 남편도 있고 자식도 있다. 원만하게 가정을 꾸려나가는 주부다. 겉으로 봐서는 남편과 아무런 문제가 없다. 다만 문제는 내면에 흐르는 정이 없다는 것이다.

남편은 절대로 자신의 의견을 먼저 이야기하는 법이 없다. 항상 하는 말이 "좋아", "마음대로 해" 이런 말뿐이다. 명랑할 것도 없지만 우울하지도 않다. 그러나 J의 입장에서는 허전하기 그지없다. 부부라면 서로 의기투합도 하고 다정다감한 감정을 가져야 하지 않겠는가! J가 남편에게 그 점에 대해 진지하게 얘기하면 남편은 그때마다 "내가 뭐 어때서?" 하고 반문한다. 거기다 "하자는 대로 할 테니 제발 시비 좀 걸지 말라"고 덧붙인다. 그러니 J로서는 어떻게 할 방법이 없다. 남편은 그야말로 겉돌고 있는 것이다.

그런데 남편이 밖에 나가서 하는 행동을 보면 완전히 다른 사람이다. 엄청 적극적이고 정열적인데다, 반대의견도 곧잘 이야기한다. 물론 이러한 행동은 아내가 없을 때만 그러는 것이다. J는 남편이 바깥에서 어떻게 행동하는지에 대해 잘 알고 있었다. 남편은 아내가 나타나는 순간부터 입을 다물고 모든 것을 아내에게 일임하는 것이다. 남편은 집에 들어와서도 가급적 아내와 마주하지 않고 피곤하다며 방에 들어가 잠을 잔다. 물론 아내를 회피하는 듯한 행동은 하지 않고, 교묘하고 자연스럽게 피곤한 척하는 것이다. 아내의 감정에 대해서도 철저히 눈치 못 챈 척한다. J는 맥이 빠질 수밖에 없다.

남편은 절대로 화내는 법도 없다. 결혼 초기에 서로 사랑할 때는 물론 화도 내고 의견도 많이 이야기했다. 그러나 언제부터인가 마음의 문을 닫고 내면세계를 단절해버린 것이다. 흔히 이런 방법은 여자가 쓰는 방법이다. 말하기도 싫은 불만에 대해 남자에게 스스로 발견하라고 무언의 항변을 하는 것이다. 이때 남자가 여자의 행동에 낌새를 채고 반성하면 문제가 풀릴 수도 있다. 하지만 남자가 이런 식이라면 끝내버리는 것이 옳을 것이다. 특히 연애 중이라면 당연히 그래야 한다.

이러한 모든 사태는 남편이 아내를 사랑하지 않는 데 이유가 있다. 남편은 J가 이혼하자고 먼저 말하기를 기다리는 것이 분명하다. 재산 때문인지 양육권 때문인지는 몰라도 자기가 먼저 이혼하자고 하지는 않는다. 오로지 아내가 지치기만 기다릴 뿐이다. 하지만 J는 아직도 남편을 사랑하고 돌아오기를 기다리고 있다. 부질없는 희망이 아닐까?

나는 그 부부의 운명이 J의 염원에 따라 결정될 것이라고 본다. 남편의 비겁한 행위는 5년 이상 지속되고 있었지만 아직 남편이 과감하게 행동하지 못하는 것으로 봐서, 운명은 아직 J의 편임이 분명했다. 남편이 돌아오기를 바라는 J에게는 어떤 기운이 필요할까?

곤위지

이제 장소의 기운을 활용해보자. 《주역》의 괘상에 곤위지坤爲地라는 것이 있는데 이는 무한한 땅이라는 뜻이다. 땅은 음의 집합체로서 양을 끌어들이는 힘이 있다. 즉 남자를 끌어당긴다는 의미이다. 남자(양)는 단순하다. 음의 기운이 강하면 끌려오는 법이다. 그런 장소는 흙이 노출되어 있는 곳이다. 나무가 많고 숲이 우거진 곳은 안 된다. 나무가 음의 기운을 먹어치우기 때문이다. 바위는 좋다.

그리고 도심에서는 소음이 일체 없는 고요한 장소가 곤위지다. 깊은 산속 사찰에 가도 그런 장소가 있다. 여자가 침묵을 지키면 남자가 움직이는 법이다. 이것이 바로 음극양의 원리이다.

음이 많은 장소에 가서 그 기운을 흡수하면 남자의 관심을 받을 수 있다. 여자들이 많이 모여 있는 곳도 좋은데 이때는 시끄러워도 상관없다. 여자의 시끄러움은 여자의 음을 이기지 못하기 때문이다. 땅이 움푹 파인 곳도 음의 기운이 모여 있어 아주 좋다.

39

나는 왜 음험한 곳을
좋아하게 되었나?

이제 내 얘기를 조금 해보겠다. 남들에게 좋은 장소를 권하는 입장으로서 정작 나 자신은 어떤 장소에 다니기를 좋아하는지 독자 여러분께 밝히는 것이 도리일 것 같다. 나는 이 책 전체에 걸쳐 장소를 잘 선택하면 좋은 기운을 받을 수 있다고 이야기했다. 그러니 그 말이 맞고 장소가 주는 기운에 분명한 효용이 있다면, 나 역시 장소의 영향 덕분에 좋은 운명을 맞이해야 하는 것이 아니겠는가? 만약 나 자신이 장소로부터 얻은

261

이익이 없다면 장소에서 기운을 받는다는 나의 주장은 의심받을 수밖에 없을 것이다. 사실 나는 장소의 기운으로부터 끊임없이 이익을 받아 오늘날까지 건재할 수 있었다. 그 점에 대해 이번 장에서 밝혀야겠다.

나는 어려서부터 많은 곳을 돌아다녔다. 그야말로 유혼幽魂이 들었던 것이다. 그런데 나는 특별히 좋아하는 장소가 있다. 나를 잘 아는 사람들은 나의 장소 취향(?)에 대해 어처구니없어한다. 일반인들하고는 너무나 다르기 때문이다. 물론 내게는 그런 장소를 좋아할 이유가 있다. 그리고 오랜 세월 동안 그런 장소를 찾아다니며 좋아하다 보니 이제는 희열을 느낄 정도가 되었다. 필경 남들은 겪어보지 못했을 것이고 느껴보지도 못했을 것이다.

우선 여행을 간다고 치자. 나는 먼저 좋은 관광지를 골라 그곳에 찾아간다. 대개는 지인들과 함께 다닌다. 그런데 정작 좋은 곳에 찾아가서는 거기에서 가장 음침하고 폐허 같은 곳에 가서 앉는다. 그런 곳에서 몇 시간이고 앉아 술을 마시거나 하면서 시간을 보낸다. 지나가는 사람들이 이상하게 생각하며 나를 쳐다보기도 하고, 일부러 내가 앉아 있는 곳에 와서 구경하기도 한다.

나는 오랫동안 폐허 같은 곳을 좋아해왔다. 오래전 일이지만 한번은 여행을 하다가 아주 이상한 곳을 만났다. 겨울이어

서 날씨도 추운 데다 당장 귀신이 나와도 이상하지 않을 것 같
은 음침하고 스산한 기운이 감도는 곳이었다. 나는 그곳에 차
를 세우고 1박을 하자고 주장했다. 일행이 기겁했던 것은 물
론이다. 세상에 좋은 곳이 얼마나 많은데 하필 이런 폐허 같은
곳에서 머물 필요가 있느냐고 말하며 내 제안을 만류했다. 결
국 사람들의 반대로 그곳을 떠날 수밖에 없었는데, 나는 수년
이 지난 후에도 그곳에 다시 가보고 싶었다.

　한번은 일산행 전철을 탄 적이 있었는데 차창 밖으로 동네
하나가 통째로 철거된 곳이 보였다. 그야말로 폐허이고 그 넓
은 지역에 사람 한 명 보이지 않았다. 그 지역은 쓰레기더미,
철거된 건물의 잔해 등으로 어지럽혀져 있었다. 영화에 나올
만한 귀신 출몰 지역처럼 보였다. 나는 그곳을 지나가면서 어
느새 희열에 찬 표정을 짓고 있었고, 마침 나를 잘 아는 사람
이 옆에 있다가 내게 말을 걸었다.

　"저기 가보고 싶으시죠?"

　나는 고개를 끄덕이며 대답했다.

　"그래, 저기 한번 가보자. 저기가 무슨 동네지?"

　내가 묻자 그는 이렇게 말하며 일축했다.

　"저긴 이름도 없는 동네예요. 못 찾아갈 걸요."

　결국 나 역시 그곳에 찾아가보지는 못했다. 하지만 세상에
는 그곳 말고도 험악하고 추하고 적막하고 무서운 곳이 얼마

든지 있기 때문에 그런 곳을 찾는 것은 그리 어려운 일이 아니었다. 나는 일부러 그런 곳을 찾아다니는 편은 아니고, 지나가다 그런 곳을 발견하면 그때 그곳에 가서 앉곤 했다.

한번은 굉장히 험하고 이상한 술집에 친지를 데리고 갔는데 그는 기겁을 하면서 도망치듯 빠져나왔다. 나는 물론 그곳이 좋아서 오래 앉아 있고 싶었는데 그가 강제로 나를 끌어내서 할 수 없이 나올 수밖에 없었다. 언젠가는 하수도관을 매설하는 공사장을 지나가다가 그곳이 좋아서 자리를 펴고 오래 앉아 술을 마신 적도 있다. 요즘은 주변 사람을 의식해서 내 취향을 조금은 자제하는 편이지만 그래도 나는 여전히 이상한 골목을 찾아다니고 가끔 그런 곳에 지인들을 데리고 가곤 한다.

오래전 일이지만 한여름에 비가 오는데도 피할 생각은 하지 않고 아주 험악하고 위험한 곳에 진을 치고 앉아서 시간을 보내고 있었던 적이 있다. 마침 동네 사람이 지나가다 소리를 지르고 끌어내서 목숨을 구한 적도 있다. 또 어떤 날은 수백 명이 지켜보는 가운데 위험한 곳에 앉아서 물이 가슴까지 차오를 때까지 모르고 있었던 적도 있었다.

말하자면 끝이 없다. 나는 긴긴 세월 동안 남이 재미없어하고 무섭다고 피하는 곳에 즐겨 찾아가 그곳에 오랫동안 머물렀던 것이다. 그러고도 세월이 지난 후에 그곳에 다시 찾아가서 싱글벙글했었다. 도대체 나는 왜 그럴까? 처음엔 나 자신도 몰랐다. 하지만 나중에《주역》을 깊게 공부한 후에 내 자신의 행태에 대해 그 진정한 의미를 깨달았다. 나중에 알게 된 것이지만 나는 분명 그런 장소에서 모종의 기운을 얻고자 애썼고 기어코 그런 기운을 얻는 데 성공했던 것이다.

수산건

먼저 내가 찾아다녔던 음산하고 험난한 곳의 의미를 생각해보자. 장소의 의미란《주역》이 아니면 절대로 밝힐 수 없는 것이므로 먼저 괘상을 규정하는 게 순서일 것이다. 험난한 곳, 무시무시한 곳, 혐오감이 드는 곳, 이런 곳을《주역》의 괘상으로는 수산건水山蹇이라고 표현한다. 이 괘상은 험난함 위에 암흑이 덮여 있다는 뜻으로 최악의 장소를 의미한다.

나는 10대 때부터 이런 장소를 나도 모르게 좋아했고 그로부터 20년 동안《주역》을 공부하고 나서야 내가 좋아했던 장소의 뜻을 알았다. 이런 곳들은 바로 수산건의 장소다. 그런데 나는 이곳에 다니면서 무슨 이익을 얻을 수 있었을까? 보통은 그런 장소에 다니면 재수가 없거나 병을 얻을 수도 있다. 그런데 나는 수십 년간 아무렇지도 않게 그런 곳을 즐겨 찾았다. 이유가 무엇일까?

처음엔 나의 영혼이 시키는 대로 했지만 나중에 철들고(주역을 공부하고) 나서는 그런 장소를 즐겼다. 왜냐하면 그 장소가 수산건이기 때문이었다. 전문적인 얘기이지만 나는 어느 곳에 가서든 수산건에 해당되는 장소라면 일단 멈추어서 '여기 잠시 앉아 있을까?' 하고 생각해본다. 그 이유는 바로 나의 운명에 있었다. 나는 나의 가혹한 운명에 대해 인내심을 기르기 위해서 그런 곳을 좋아했던 것이다.

수산건의 땅은 누구나 싫어하는 곳이다. 하지만 그런 곳에서 편안히 앉아 있을 수 있다면 세상에 그 어느 곳에서도 견딜 수 있다는 뜻이다. 나는 일찍부터 나의 험난한 운명을 직감하고 있었다. 그리고 또한 그것을 이겨내리라고 결심했던 것이다. 그래서 나 자신을 훈련시키고자 내 운명보다 더 혹독한 곳에서 기운을 받고 싶었다. 험난한 운명보다 더 험한 곳에서 기운을 받으면 내 운명이 오히려 편안한 것이 되지 않겠는가!

'이열치열'이라는 말을 들어보았을 것이다. 더울 때 뜨거운 목욕탕 속에 들어가는 방법이다. 추운 겨울에 창문을 열어놓는 것도 마찬가지다. 내가 흔히 하는 짓이기도 한데 일생 전체에 대해서 강해지기 위해 험난한 환경을 선택한 것이다. 이로 인해 영혼 속에 있는 험난한 기운이 기겁해서 떠나기를 바랐다는 의미다. 만약 나의 방법이 통했다면 영혼은 그 재수 나쁜 장소를 피하게 될 것이고 마침내 좋은 운명을 맞이할 수도 있을 것이다.

나는 실제로 그렇게 되었다고 믿는다. 그래서 오늘날은 일부러 그런 험난한 곳을 찾지는 않는다. 이제 험난한 운명에서 벗어났으니 편안한 곳을 찾게 된 것이다. 나는 죽으려면 확실히 죽고 다시 태어나자는 주의이다. 나쁜 운명이 오면 '갈 때까지 가보자' 하는 것이다. 그러기 위해서는 미래를 대비하기 위한 인내심도 미리 길러 놓아야 하지 않겠는가!

공자는 이렇게 말한바 있다. "군자는 머무름에 있어 편안함을 구하지 않는다君子 居無求安." 불편한 곳이 바로 수산건의 장소다. 이런 곳에 자주 찾아가 익숙해지면 세상의 불편함이나 운명의 혹독함은 언제라도 견딜 수 있는 법이다.

내 얘기를 조금 길게 했는데 지금 운명적으로 극한에 이른 사람이라면 참고하길 바란다. 멀쩡한 사람이 수산건의 장소에 자주 다니면 좋을 일이 없다. 나쁜 운명이 정해져 있고 그 운명에서 빨리 벗어나고 싶다면 한번쯤 써먹어볼 만한 방법이다. 우리나라 속담에 "매도 먼저 맞는 것이 낫다"는 말이 있다. 뻔한 운명이라면 먼저 다가서도 좋다는 말이다. 나쁜 운명을 이길 수 있으면 물리쳐라. 그러나 이길 수 없을 때는 오히려 그 운명에 더 깊이 빠져들어라.

40

|

좋은 기운은
하늘로부터 내려온다

이 책을 마무리할 때가 된 것 같다. 모든 사람에게 필요한 장소를 모두 열거하지 못한 아쉬움이 남는다. 하지만 자세히 찾아보면 거의 대부분의 상황에 적용시켜볼 만한 처방이 있을 것이다. 이 책은 원래 족집게 식으로 처방을 내리고자 계획했다. 그러나 무한히 많은 사람의 사정을 다 밝히고 그것을 일일이 지적하는 것은 물리적으로 불가능하다. 또한 한 권의 책으로 묶는 데 분량의 한계도 있다. 다만 사물의 종류는 무한하지 않다. 《주역》은 만물을 크게 여덟 가지로 나누고 그것의 작용을 통해 우주의 모든 현상을 설명하고 있는데, 인생도 그 범위 안에 있을 수밖에 없다.

이 책에서는 중요한 괘상으로 설명할 수 있는 인생사의 모든 것을 다루었다. 어떤 것은 족집게 식으로 딱 맞아 떨어지는 설명도 있을 것이고, 또 어떤 것은 포괄적으로 개연성을 설명한 것도 있다. 아마도 보통의 인생이라면 이 책의 범위를 넘어서는 소망이나 애로사항은 없을 것이라 믿는다. 그래도 부족하다고 느끼는 사람을 위해 이 마지막 장을 마련했다.

사실 이번 장에서 다룰 내용은 가장 근본적인 것인데, 모든 사람에게 공통적으로 해당되는 것이다. 이 책을 샅샅이 뒤져봐도 뭔가 속 시원히 문제가 해결되지 않는 사람은 이번 마지막 장에서 큰 원리를 터득함으로써 모든 것을 해결할 수 있다.

먼저 장소의 원리를 다시 정리해보자. 이 세상의 모든 장소는 땅에 만들어진다. 땅은 바로 음을 말하는 것인데 음의 작용으로 모양이 만들어진다는 뜻이다. 만약 세상에 음이 없다면 하늘의 작용도 이룩할 수 없을 것이다. 한편 음, 즉 땅이 있음으로 해서 그 안에 하늘의 작용을 집어넣을 수가 있다. 이는 물질로 만들어진 장소에 하늘의 힘이 들어 있다는 뜻이다.

하늘은 아주 깊은 뜻이 있지만 그중에서도 가장 알기 쉬운 것은 바로 우주 공간이다. 땅에서 만들어지는 모든 장소의 힘은 다름 아닌 그곳에 있는 공간에서 나온다. 장소란 다름 아닌 공간의 모양인 것이다. 영혼은 그 공간의 기운에 따라 자신의 모습을 바꾸고, 영혼이 변화된 모습에 따라 운명이 변한다. 이것이 바로 장소의 힘이다.

그렇기 때문에 우리는 모든 장소에 들어 있는 공통적인 힘에 주목해야 한다. 그 힘은 우주에서 가장 신비한 힘으로, 우리는 매일 그것을 접하고 있어도 그 힘에 대해서 느끼지 못한다. 이번 장에서는 그것을 지적하여 정밀한 개념으로 정착시킬 것이다. 실례를 통해 조명해보자.

오늘날 인간은 지구를 떠나 멀리 우주 공간을 여행하는 데 이르렀다. 과거에는 특별한 훈련을 받은 사람들만 우주선에 탈 수 있었는데, 2000년대 초반부터는 일반인들도 우주여행을 할 수 있게 되었다.

2001년, 세계 첫 우주관광객은 미국의 티토라는 사람이다. 당시 러시아 항공우주국은 재정난을 타계하기 위해 1인당 2,000만 달러(우리 돈으로 340억 원)를 받고 민간인을 우주공간으로 내보냈다. 수백억 원을 들여 우주로 나갔지만, 사실 지구를 한 바퀴 돌며 무한한 허공을 구경하는 것이 전부다. 이는 아주 단순해 보이지만 그 속에는 아주 심오한 뜻이 내재되어 있다. 직접 하늘을 접하는 것이다. 하늘? 하늘이라면 지구에서도 바라볼 수 있는 것 아닌가! 물론 그렇다. 하지만 하늘의 규모가 다른 것이다. 하늘은 창문으로 바라보는 것과 들판에 나가 바라보는 것도 차원이 다르다. 우주에 나가 하늘을 본다는 것은 더욱더 깊은 뜻이 있다.

하늘이란 그저 공간일 텐데 도대체 무슨 뜻이 있단 말인가! 이는 직접 경험해봐야 잘 알 수 있겠지만, 이를 어떻게든 설명해보자. 우주비행사들이 우주에 나갔을 때 그들에게는 꼭 지켜야 할 한 가지 안전지침이 있다. 그것은 우주 공간을 한참동안 바라보지 말라는 것이다. 그 공간이 너무나 광대하여 정신이 붕괴될 수 있기 때문이다. 실제로 그런 일이 있다고 한다.

우주는 너무나 광대하다. 인간이 이것을 바라보면 시원하기도 하겠지만 그것을 다 감당하지 못해 정신의 분열이 올 수도 있다. 그래서 우주비행사들에게 이것을 경계하도록 한 것이다. 앞으로 더 많은 민간인이 우주여행을 하게 될 때에는 법으로 정해질 것이 틀림없다. 우주 공간의 어느 한곳을 10분 이상 바라보면 안 되는 법 말이다. 이는 정신건강을 지켜주기 위한 자상한 배려이다.

하늘, 즉 공간의 힘은 이토록 무섭다. 한편 그 힘도 무한하다. 만약 어떤 사람이 광대한 하늘의 기운을 일부라도 흡입할 수 있다면, 그것은 그 사람이 운명을 개척하는 데 지대한 영향을 미칠 것이다. 지구에서는 흔히 가볼 수 없는 이런 장소를 《주역》의 괘상으로는 건위천乾爲天이라고 부른다. 이 괘상은 만물의 원동력을 뜻한다. 사람에게 이러한 기운이 필요하다는 것은 더 말할 나위가 없을 것이다. 이 힘은 모든 운명에 필요한 가장 근원적인 힘이기 때문이다.

예부터 역사적으로 위대한 인물들은 모두 하늘의 기운을 크게 가지고 있었다. 그런데 이런 기운을 접할 수 있는 장소가 있다. 당장 우주로 나갈 수는 없으니 지구 안에서 그런 곳을 찾아보자.

우선 떠오르는 곳은 미국에 있는 그랜드캐니언이다. 그곳은 광대한 하늘이 협곡 위를 덮고 있다. 협곡의 모양이 중요한 것이 아니라 그 위에 펼쳐져 있는 허공이 중요하다. 비행사들이 고공에서 내려다본 지구 위의 허공도 뜻이 같다.

나는 얼마 전에 그런 장소에 가봤다. 산악 전문가의 도움으로 지리산 정상에 올라가 봤는데 그곳에서 바라본 주변은 실로 장관이었다. 그런 곳에 처음 가본 나로서는 커다란 감동과 충격을 느꼈다. 또한 그곳에서 하늘의 기운을 흠뻑 흡수할 수 있었다. 그곳에서 내려다본 계곡이나 숲도 아름다웠지만, 중요한 것은 그 위에 펼쳐진 광대한 하늘의 기운이었다. 나는 그곳에서 오로지 공간의 위대한 힘을 충분히 느낀 후에 경치를 조금 구경했다. 내게는 경치보다는 경치 위의 하늘이 필요했기 때문이었다. 나는 그곳에 있는 순간, 그리고 그 후에도 영혼이 무한히 자유롭다는 것을 느꼈다. 모든 것에 치우치지 않는 자유로움, 이것이 바로 하늘의 힘이다.

이처럼 높은 산 위에 올라 벌판이나 바다를 바라봐도 그런 힘을 받을 수 있다. 반면 낮은 곳에서 위쪽으로 올려다보는 하늘은 힘이 약하다. 우리의 몸이 영혼에 걸리적거리기 때문이다. 고개를 들어야 하고 움직여야 하는데 이런 것은 영혼의 자유를 막는다. 그러나 위에서 내려다보는 하늘은 이미 내가 흡수할 수 있는 기운이 충만하다. 우주 공간까지 나가지 못해도 높은 산에 오를 수만 있다면 그런 장소를 얼마든지 찾을 수 있다.

나는 17세 무렵에 바다라는 것을 처음 봤는데 놀라서 주저앉고 말았다. 바닷물 때문이 아니라 그 위에 무한히 열려 있는 하늘을 느꼈기 때문이었다. 그 이후 나는 바다를 자주 찾아가서 하늘의 기운을 느끼고자 했다. 하지만 바다보다 높은 곳에 오를 수 있었다면 더욱 좋았을 것이다. 요즘은 서울에서도 하늘을 만날 수 있는 세상이 되었다. 63빌딩 전망대나 그보다 높은 건물 위에 올라가면 된다.

도봉산 정상도 좋다. 산에 오르는 것이 힘든 사람은 그저 높은 건물 옥상에 가서 세상을 내려다보라. 전개되어 있는 도시의 풍경은 그저 슬쩍 보면 된다. 요점은 그 위를 덮고 있는 하늘이다. 이런 것을 자주 보면 운명을 개척할 힘을 얻을 수 있다. 단지 조심해야 할 사람은 노약자나 임산부 등이다. 하늘의 힘이 충격을 줄 수 있기 때문이다.

하지만 어린아이에게는 아주 좋다. 미래를 개척하는 힘을 얻게 될 것이다. 어린아이의 영혼은 노인처럼 약하지 않다. 유연하기 때문이다. 그러나 환자는 하늘을 바라보는 것은 삼가야 한다. 또한 하늘을 바라보는 것은 남성도 좋지만 여성들에게는 더욱 좋다. 운명의 보약이 될 것이다. 종합적으로 말해서 건강에 문제가 있지 않는 한 하늘은 누구나 자주 볼수록 좋다. 모든 장소의 힘은 하늘로부터 하강하는 것이기 때문이다.

부록 나에게 필요한 기운을
받을 수 있는
상황별 장소

○ 장소를 활용해서 나에게 필요한 기운을 얻는 방법 ○

부록은 구체적인 상황별로 나에게 필요한 기운을 얻으려면 어디에 가야 하는지를 압축해서 소개한다. 얼마나 오래, 얼마나 자주 다녀야 하고, 어떻게 나에게 필요한 기운을 얻을까?

예를 들어 설명해보자. 투자에 성공하고 싶은 사람은 '왕릉'에 자주 가보면 좋다. 이런 경우 3개월 정도 기간을 정해놓고 꾸준히 다녀본다. 아예 거처를 옮기는 것이 가장 좋지만, 현실적으로 그러기는 어려우니 시간 날 때마다 찾아가 보고, 그곳을 꼼꼼히 관찰하며 기운을 느껴보도록 한다. 사진이나 영상으로 보는 것보다는 직접 가서 보는 것이 효과가 좋고, 남이 억지로 데리고 가는 것은 효과가 없다.

만약 한 번에 두 가지 이상의 상황이 겹치는 경우, 상반된 장소가 나올 수도 있다. 예를 들어 돈을 많이 벌고 싶은 사업가는 고층빌딩 숲을 자주 걸어 다녀야 하고, 집중력을 높이고 싶은 사람은 지하도를 걸으면 좋다. 그런데 한 사람이 집중력도 높이고 싶고 사업으로 돈도 많이 벌고 싶다면, 스스로 우선순위를 결정해야 한다. 집중력이 더 중요하다면 지하도로 가고, 사업의 성공이 더 중요하다면 고층빌딩 숲으로 가라는 이야기다.

돈을 많이 벌고 싶은 사업가

산천대축

산천대축山川大畜의 기운이 필요한 사람이다. 고층빌딩의 숲을 자주 걸어 다녀야 한다.

가지고 있는 재산을 잘 지키고 싶은 사람

산뢰이

무너지거나 새어나가는 것을 방지해야 한다. 이는 산뢰이 山雷頤의 기운이 필요하므로 큰 산에 가서 새를 봐야 한다. 또는 초등학교 건물에 가서 아이들을 보는 것도 좋다.

장사가 잘되기를 바라는 사람

화뢰서합

매출이 많아지는 것은 화뢰서합火雷噬嗑의 기운이다. 이는 햇볕을 많이 쪼이며 걸어 다녀야 한다. 방앗간 구경도 좋다.

생산량이 늘어나길 바라는 사람

택풍대과

택풍대과澤風大過의 기운을 받아야 한다. 물이 넘쳐흐르는 곳이나 뿌리를 드러낸 나무가 있는 곳이 좋다.

• 투자에서 성공하고 싶은 사람

산화비

이는 산화비山火賁에 해당되므로 왕릉을 찾아보면 좋다.

• 현재 잘나가는 사람

뇌풍항

현재의 상황을 유지하기 위해서는 뇌풍항雷風恒이 많이 필
요하다. 스키장을 자주 찾아보면 좋다.

• 공부를 잘 하고 싶은 사람(학생)

공부는 화택규火澤睽의 기운이 필요하다. 아침에 일찍 일어나 햇볕이 잘 드는 밝은 곳을 걸어 다니면 좋다.

화택규

• 창조적인 아이디어를 떠올리고 싶은 사람

창조적인 아이디어에는 화산려火山旅의 기운이 필요하다. 여행을 많이 다니면 된다.

화산려

• 승진하고 싶은 직장인

승진은 천풍구天風姤의 기운을 받아야 하므로 햇볕이 잘 드는 밝은 거리에서 바람을 맞이하면 좋다.

천풍구

• 존경받고 싶은 경영인

존경은 화천대유火天大有의 기운이 필요하므로 높이 달려 있는 거대한 샹들리에를 보거나 대낮의 밝은 태양을 봐야 한다.

화천대유

오랫동안 시험에 떨어져 합격을 기다리는 사람

합격은 화풍정火風鼎의 기운이 절대적으로 필요하다. 꽃밭이나 화원에 자주 가보면 좋다.

화풍정

대중의 인기를 얻고 싶은 사람

인기를 얻으려면 천화동인天火同人의 기운이 필요하다. 아침 일찍 등산을 하면 좋다.

천화동인

똑똑해지고 싶은 사람

영특함은 뇌수해雷水解의 기운이 필요하다. 수영장에 가면 좋다. 자주 갈수록 좋다.

뇌수해

인간관계

자식문제로 골치 아픈 부모

택뢰수

자식문제는 대체로 아이들이 제멋대로 뛰쳐나가기 때문에 생기는 것이다. 이런 경우에는 택뢰수澤雷隨의 기운이 필요하다. 아이와 함께 지하상가에 자주 가보면 좋다. 아이가 안 가겠다고 할 경우, 부모가 지하상가를 걸어도 효과가 있다.

애인이 생기지 않는 사람

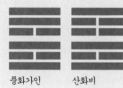

풍화가인   산화비

여성의 경우 애인이 생기려면 풍화가인風火家人의 기운이 필요하다. 모닥불을 자주 보면 좋다. 남성의 경우는 산화비山火賁의 기운이 필요하다. 산화비 역시 모닥불을 자주 보거나, 왕릉의 꼭대기를 밟아보면 좋다.

결혼하고 싶은 사람

풍택중부

결혼이 성사되려면 풍택중부風澤中孚의 기운이 필요하다. 애인과 자주 포옹을 해야 하며 애인이 없는 사람은 작은 호수 주변을 여러 바퀴 돌면 좋다.

부모와의 불화로 괴로워하는 사람

택화혁

불화를 없애는 데는 택화혁澤火革의 기운이 필요하다. 지하공간에 오래 머물거나 좁은 공간에 오래 머물면 좋다.

나를 괴롭히는 사람과 관계를 끊고 싶은 사람

뇌수해

괴로운 관계에서 벗어나려면 뇌수해雷水解가 필요하다. 이
럴 때는 서울 청계천에 있는 징검다리를 자주 건너면 좋다.

대인관계가 좋아지길 바라는 사람

이위화

대인관계에는 이위화離爲火의 기운이 필요하다. 무조건 밝
은 곳으로 다녀야 한다.

사교성이 좋아지길 바라는 사람

지천태

사교성이 좋아지려면 지천태地天泰의 기운이 필요하다. 지
천태의 기운을 얻으려면 낮은 곳으로 많이 다녀야 한다.

부부금슬이 좋아지길 바라는 사람

택산함

부부 금슬이 좋지 않다면 택산함澤山咸의 기운이 시급하
다. 언덕 위의 집을 바라보는 것이 좋고, 높은 곳에 위치한
연못에 찾아가면 택산함의 기운을 얻을 수 있다.

형제자매 문제로 고민하는 사람

간위산

형제자매간 우애가 좋지 않을 때는 간위산艮爲山의 기운이
필요하다. 깊은 산을 자주 찾아다니면 좋다.

배우자의 바람기를 잠재우고 싶은 사람

택뢰수

배우자를 붙잡아두기 위해서는 택뢰수澤雷隨의 기운이 필
요하다. 넓은 실내공간에 자주 머물거나 양어장에 구경을
다니면 좋다.

애인과 헤어지고 싶은 사람

산풍고

이별은 산풍고山風蠱의 기운을 받아야 한다. 무너진 둑이
나 담, 허술한 집을 구경하면 좋다.

이혼하고 싶은 사람

천지부

이혼을 하고 싶다면 천지부天地否의 기운이 필요하다. 불
안정한 비탈길을 자주 다니면 좋다.

성격

자신감을 높이고 싶은 사람

산수몽

자신감은 산수몽山水蒙이 필요하다. 외딴 곳에 자주 가보면 좋다.

우울함에서 벗어나고 싶은 사람

화택규

밝은 성격을 가지려면 화택규火澤睽의 기운이 필요하다. 밝고 좁은 공간에 자주 가거나, 바다에서 수평선 위로 떠오르는 태양을 자주 바라보면 좋다.

이별, 상실 등으로 인한 슬픔에서 벗어나고 싶은 사람

손위풍

슬픔에서 벗어나려면 손위풍巽爲風이 절대적으로 필요하다. 바람이 많은 곳에서 계속 바람을 맞으면 좋다.

집중력을 높이고 싶은 사람

뇌화풍

집중력은 뇌화풍雷火豊의 기운이 필요하다. 지하도를 많이 걸으면 좋다.

용기를 갖고 싶은 사람

용기를 내려면 뇌지예雷地豫의 기운이 필요하다. 갈라진 땅이나 울퉁불퉁한 땅을 자주 걸어 다니면 좋다.

뇌지예

우유부단해서 결단력을 갖고 싶은 사람

결단력을 높이려면 진위뢰震爲雷의 기운이 필요하다. 소음이 많은 곳을 찾아다니면 좋다.

진위뢰

마음속에 묵은 감정을 풀고 싶은 사람

묵은 감정을 없애려면 풍수환風水渙의 기운이 필요하다. 굴뚝이나 갈라진 도로를 자주 보면 좋다.

풍수환

죽고 싶을 만큼 괴로운 사람

의욕이나 희망을 가지려면 천수송天水訟의 기운이 필요하다. 비가 오는 거리를 걷는 것도 좋지만, 밤을 샌 후 날이 밝아오는 것을 끝까지 기다려보는 것이 가장 좋다.

천수송

의심이 많아 괴로운 사람

의심을 버리려면 산천대축山川大畜의 기운이 필요하다. 높은 산 아래에 있거나 큰 대문을 자주 보면 좋다.

산천대축

불안한 마음을 없애고 싶은 사람

불안한 사람은 곤위지坤爲地의 기운이 부족한 사람이다. 무작정 오래 거리를 헤매는 것이 좋다.

곤위지

어둡고 소심한 성격을 밝고 적극적으로 바꾸고 싶은 사람

소심한 사람은 화지진火地晋의 기운이 필요하다. 탁 트인 벌판에 나아가 정오가 되기를 기다리면 좋다. 또는 아침에 많은 사람이 출근하는 광경을 바라보는 것도 좋다.

화지진

가족과 떨어져 있어서 쓸쓸한 사람

쓸쓸한 사람에게는 뇌택귀매雷澤歸妹의 기운이 필요하다. 새둥지, 유모차 등을 찾아보면 좋다.

뇌택귀매

이유 없는 고독으로부터 벗어나고 싶은 사람

지풍승

고독감을 떨쳐버리려면 지풍승地風升이 필요한 상황이다.
극장이나 무대 등을 자주 찾아보면 좋다.

오만하고 자기자랑이 심한 사람

산뢰이

오만한 사람에게는 산뢰이山雷頤의 기운이 필요하다. 거대
한 건물, 산, 키 큰 사람 옆에 오래 있으면 좋다.

뻔뻔하고 안하무인인 사람

산지박

자신을 낮추어야 하는 사람에게는 산지박山地剝의 기운이
필요하다. 낮은 건물을 찾아다니고, 납작한 물건을 자주
보면 좋다.

신중하지 못하고 매사에 가벼운 사람

뇌화풍

진중한 성격을 가지려면 뇌화풍雷火豐의 기운이 필요하다.
물건이 많이 쌓여 있는 곳으로 가보면 좋다.

약속을 잘 못 지키는 사람

약속을 잘 지키려면 수택절水澤節의 기운이 필요하다. 상자, 울타리 속을 자주 들여다보면 좋다.

수택절

건강
_____

· 아이를 갖고 싶은 사람

수태에는 수뢰준水雷屯의 기운이 필요하다. 극장이나 숲
속, 목욕탕 속에 들어가 있으면 좋다.

수뢰준

· 오래 살고 싶은 사람

장수에는 간위산艮爲山의 기운이 필요하다. 첩첩산중의 산
속에나 도심의 빌딩숲 한가운데를 많이 걸어 다니면 좋다.

간위산

· 사고가 자주 나는 사람

안전함, 안정감을 가지려면 택뢰수澤雷隨의 기운이 필요하
다. 텐트 속이나 극장, 백화점 등에 자주 다니면 좋다.

택뢰수

· 몸을 자주 다치는 사람

몸을 자주 다치는 사람은 풍산점風山漸이 필요하다. 산의
나무를 보거나 여인의 몸을 자주 보면 좋다.

풍산점

스트레스성 질환으로 고생하는 사람

풍수환

스트레스를 없애려면 풍수환風水渙의 기운이 필요하다. 문을 활짝 열어놓은 개방된 곳에 찾아가거나, 노출이 심한 여인을 보면 효과가 있다.

너무 바빠서 몸도 마음도 지친 사람

지산겸

너무 바빠 기운이 흩어진 경우에는 지산겸地山謙이 필요하다. 창고 속에 있는 무거운 물건을 보거나 굳건히 닫힌 문을 자주 찾아보면 좋다.

무기력한 사람

건위천

무기력한 사람에게는 건위천乾爲天의 기운이 필요하다. 창공을 자주 바라보면 좋다. 철거가 진행 중인 건축현장을 보는 것도 좋다.

살을 빼고 싶은 사람

택수곤

살을 빼고 싶은 사람에게는 택수곤澤水困의 기운이 필요하다. 빈 상자를 자주 보거나 마른 연못, 높은 담을 자주 찾아가 보면 좋다.

젊어지고 싶은 사람

수화기제

수화기제水火旣濟가 필요하다. 줄을 서서 기다리는 곳이면 다 좋다. 시계상점을 구경해보는 것도 좋다.

예뻐지고 싶은 사람

화풍정

매력을 갖추려면 화풍정火風鼎의 기운이 절대적으로 필요하다. 꽃이 피어 있는 나무를 자주 보고, 가로등이 켜져 있는 곳이나 평화로운 공간을 자주 찾아다녀 보면 좋다.

좋은 운을 부르는 천지인天地人 3부작

돈보다 운을 벌어라 | 김승호 지음 | 14,000원

돈보다 운을 벌어라 _ 주역의 원리를 이용한 운 경영의 기술
운의 원리는 무엇이고, 좋은 운을 끌어당기려면 어떻게 해야
하는가? 타고난 운을 바꿀 수 있는가? 매사에 운이 좋은 사람
은 비결이 무엇인가? 조직의 운, 가정의 운을 좌우하는 것은
무엇인가? 아인슈타인부터 융까지 우리 시대 최고의 지성들
은 하나같이 '주역'에 심취했다. 이 책은 타고난 운과 만드는
운의 차이점에 대해 소상히 밝히고, 사람을 통해 흐르는 운의
순행 원리, 좋은 운의 문을 열고 운이 세어나가는 길을 막는
방법을 알려준다.

사는 곳이 운명이다 | 김승호 지음 | 15,000원

사는 곳이 운명이다 _ 좋은 운명을 끌어당기는 공간의 조건

물고기가 물에서 살 듯이 사람은 '기운氣運의 바다'에서 산다. 방에도 사주가 있고 건물에도 관상이 있어서, 우리는 지역, 동네는 물론이고 집과 방, 사무실까지 하루 24시간 마치 공기처럼 공간의 기운을 흡수한다. 나와 잘 맞는 공간은 어떤 곳일까? 현재 살고 있는 집과 방은 어떻게 바꾸어야 할까? CEO의 방, 가장의 방, 회사의 사무실은 어떻게 꾸밀까? 재물운이 좋아지게 하려면 어떻게 해야 할까? 등 운명과 기운, 사는 곳에 관한 모든 궁금증을 해결해준다.

사람이 운명이다 | 김승호 지음 | 15,000원

사람이 운명이다 _ 길흉화복을 좌우하는 인간관계의 비밀

기업이나 조직에서 '인사가 만사'라고 하듯, 인생사 길흉화복도 인간관계가 모든 것을 좌우한다. 과연 평생의 은인, 나를 키워줄 사람 혹은 나와 함께 성장할 사람은 누구일까? 반대로 나에게 불운을 주는 사람은 어떤 사람이고 그를 만나면 어떻게 대처해야 할까? 운명의 관점에서 본 처세의 정석, 귀한 운명을 만드는 귀한 얼굴의 조건 등 좋은 운을 부르는 구체적인 태도와 습관을 조목조목 짚어준다.

저자
소개

초운 김승호

주역학자이자 작가. 1949년 서울에서 출생했다. 지난 50년간 '과학으로서의 주역'을
연구해 '주역과학'이라는 새로운 개념과 체계를 정립했다. 동양의 유불선儒佛仙과 수
학·물리학·생물학·화학·심리학 등 인문·자연·사회과학이 거둔 최첨단 이론을 주
역과 융합시켜 집대성한 결과가 바로 주역과학이다. 1980년대 미국에서 물리학자들
에게 주역을 강의하기도 했으며, 맨해튼 응용지성연구원의 상임연구원과 명륜당(미
국 유교 본부) 수석강사를 역임했다. 사단법인 동양과학아카데미 등을 통해 20년간
주역 강좌를 운영해왔으며, 운문학회를 통해 직장인 대상의 특강도 진행하고 있다.
저서로는 베스트셀러 《돈보다 운을 벌어라》, 《새벽에 혼자 읽는 주역인문학》, 《운명
수업》 등이 있다.

그곳에 좋은 기운이 모인다

2017년 3월 15일 초판 1쇄 | 2022년 5월 13일 7쇄 발행

지은이 김승호
펴낸이 박시형, 최세현

책임편집 최세현, 김선도
마케팅 양근모, 권금숙, 양봉호, 이주형, 박관홍 **온라인마케팅** 신하은, 정문희, 현나래
디지털콘텐츠 김명래 **해외기획** 우정민, 배혜림
경영지원 홍성택, 이진영, 임지윤, 김현우, 강신우
펴낸곳 (주)쌤앤파커스 **출판신고** 2006년 9월 25일 제406-2006-000210호
주소 서울시 마포구 월드컵북로 396 누리꿈스퀘어 비즈니스타워 18층
전화 02-6712-9800 **팩스** 02-6712-9810 **이메일** info@smpk.kr

ⓒ 김승호 (저작권자와 맺은 특약에 따라 검인을 생략합니다)
ISBN 978-89-6570-397-6 (03320)

• 잘못된 책은 구입하신 서점에서 바꿔드립니다.
• 책값은 뒤표지에 있습니다.

쌤앤파커스(Sam&Parkers)는 독자 여러분의 책에 관한 아이디어와 원고 투고를 설레는 마음으로 기다리
고 있습니다. 책으로 엮기를 원하는 아이디어가 있으신 분은 이메일 book@smpk.kr로 간단한 개요와 취
지, 연락처 등을 보내주세요. 머뭇거리지 말고 문을 두드리세요. 길이 열립니다.